스테이블 디퓨전 · 미드저니 · 챗GPT

생성형 AI로 웹툰 만화 제작하기

김한재 지음

BM (주)도서출판 성안당

 **머리말**

인공지능이 몰려오고 있습니다

　인공지능 중에서도 이미지 생성 인공지능은 만화와 애니메이션, 콘텐츠를 연구하는 필자에게 무척 위협적인 존재로 다가왔습니다. 펜과 잉크로 만화를 공부했던, 아날로그 세대에게 포토샵, 클립스튜디오, 스케치업의 도입도 크나큰 과제였는데, 어느 날 갑자기 인공지능이라는 거대한 데이터 프로그램이 나타나 공부를 해야 한다며 압박하고 있었습니다. 윤리적이나 법적인 문제를 제쳐두고서라도 넋 놓고 있을 때는 아니었습니다. 일단 알아야 대응할 수 있을 것 같았고 가만히 있으면 속도를 도저히 따라잡을 수 없을 것 같았습니다. 그래서 예전의 필자 같으면 엄두도 내지 못했을 여러 가지 프로젝트를 일단 시도해 보기로 했습니다.

　'이 정도면 충분하겠지?'의 범주는 아니었습니다. 인공지능이라고 해서 원하는 이미지가 뚝딱 나오는 것도 아니었고 제대로 다루려면 기본적으로 알고 있어야 할 것들이 더 많이 숨어있었습니다. 그리고 막상 다뤄 보니 인공지능도 우리가 그동안 익혔던 많은 프로그램 중 하나라는 것을 깨달았습니다. 단지 세부 조정을 하려면 익혀야 할 옵션이 너무 많다는 것뿐…. 아무리 좋은 도구와 프로그램이 있더라도 다룰 수 없으면 무용지물입니다. 이것저것 많은 프로그램을 배워 왔지만, 결국은 매번 쓰는 프로그램들만 익숙하게 다룰 수 있습니다. 오랜만에 열어 보는 프로그램들은 몇 시간을 헤매야 겨우 익숙해집니다. 블렌더, 마야, 유니티 등 훌륭한 프로그램이 있다는 것은 알아도 막상 도전하려면 엄두가 나지 않는 것처럼 이것도 마찬가지였습니다. 그냥 새로 공부해야 하는 영역 중 하나였던 것입니다. 그래서 그냥 해 보기로 했고, 하다 보니 쓰고 싶은 것들이 눈에 보이기 시작했습니다. 여러분들도 겁먹지 말고 일단 도전해 보기 바랍니다.

    이 책은 스테이블 디퓨전(Stable Diffusion)과 미드저니(Midjourney), 챗GPT(ChatGPT)를 활용해 만화와 웹툰을 제작하는 데 있어 새로운 제작 환경을 보여 줄 것입니다. 인공지능을 기반으로 한 시각적 콘텐츠 생성은 짧은 시간 동안 상당한 발전을 이뤘고 이제는 적용을 연구하는 단계에 이르렀습니다. 이 책은 실제 만화·웹툰을 제작하는 과정은 물론, 작가들이 여러 방향으로 응용할 수 있는 제안을 하고 있습니다.

    창작 과정에 정답은 없습니다. 좋은 작품을 위해 노력하고 탐구하는 수고만 있을 뿐입니다. 펜과 잉크의 시대에서 디지털로 넘어왔고 이제는 인공지능 툴이 작업 방식을 바꿔 놓을 것이라는 사실은 어느 누구도 부정할 수 없습니다. 이 책은 작가들에게 현대 기술이 만화·웹툰과 어떻게 융합될 수 있는지에 대한 구체적인 제안과 동시에 실용적인 가이드가 될 것입니다. 할 수 있는 것부터, 도움을 받으면 좋은 툴부터 차근차근 익혀 작업에 도움이 됐으면 합니다.

김한재

추천사

● 추천사 ❶

　인공지능이 인간 생활에 혁신을 불어넣고 있고 상상을 초월한 일들이 일어나고 있다. 인공지능이 적용되지 않는 곳이 없는데 웹툰 제작도 예외는 아니다. 저자는 인공지능이라는 새로운 기술을 이용해 웹툰 제작에 적용을 새롭게 시도했다. 기술과 창작이 만나는 지점에는 저자의 깊은 심사숙고가 엿보인다. 인공지능을 활용한 웹툰 제작의 창작과 제작 관점에서 얘기하고자 했다. 인공지능을 도구를 이용한 제작 환경을 구축하는 과정을 통해 창작의 인공지능 도입을 준비하게 하고, 창작 과정에 적용하기 위한 구체적 활용서로 제공하려고 한다.

　인공지능을 통해 구체적 제작을 하면서 창의적 한계를 넘어서 새로운 스타일과 장르를 실험할 수 있는 능력을 독자들이 갖게 하도록 제시했다. 이 책은 웹툰 작가들과 만화 제작자들에게 유용한 자료가 될 것이다. 웹툰 창작에 관심 있는 분들께 추천한다.

– 상명대학교 감성공학과 황민철 교수

추천사 ❷

웹툰 창작 단계에서 인공지능 관련 솔루션의 도입과 적용은 이미 본격화됐고, 작가들이 인지할 수 없는 영역에서는 인공지능이라는 영역으로 구분되지 않을 정도로 친화력 있게 사용되고 있다. 새로운 기술의 혁신은 이미 익숙한 영역에서의 심도와 빈번함으로 본격화된다. 웹툰 창작 인공지능 솔루션은 지금 이 시간에도 효율성과 가성비에 기반을 두고 여전히 머신러닝의 발전을 거듭하고 있으며, 보다 효과적인 성과를 위해 데이터 수집 단계의 정제와 집중의 논리가 강화되고 있는 추세이다. 이와 같은 현상을 가장 먼저 파악하고 적극적으로 학습해 창작과 교육의 영역에서 첨단의 사례를 정리해내고 있는 김한재 교수가 창작 실무 사례에 기반을 둔 인공지능 전문 서적을 출간한다.

저자는 이 책에서 웹툰 작가에게 인공지능이란 어떠한 개념으로 이해되고 적용돼야 하는지를 구체적으로 제시하고, 그러한 각 창작 단계별 생태계 모듈마다의 인공지능 기능과 역할을 상세히 설명하고 있다. '두려워하지 말고 시도해 보기' 라는 본문의 제목처럼 인공지능 관련 소프트웨어의 각 파트마다 실무적인 화면과 프롬프터까지 상세히 제시하며 인공지능 솔루션의 현장을 쉽게 보여 준다. 그리고 실제 인공지능 솔루션을 통해 웹툰 창작이 이뤄지는 단계별 예시를 보여 줌으로써 인공지능에 대한 웹툰 작가의 어려움과 두려움을 새로운 시도로 바꿀 수 있도록 방향을 제시한다.

이 책은 더 이상 인공지능을 피할 수 없는 창작의 현장에 용기 있게 제시하는 비상구의 해법이며, 이제는 다음 혁신의 주인공이 웹툰 작가 스스로가 돼야 한다는 것을 방증한다.

이 책을 통해 웹툰 작가들이 1인 작업 체제 혹은 집단 작업 시스템에 인공지능 솔루션을 과감하게 도입하고, 그로부터 새로운 작업 효율과 가능성을 스스로에게 훈련시킬 수 있는 계기가 되기를 바란다.

언제나 길이 아닌 길을 처음 걷는 사람은 자신보다 미래를 위한 용기와 희생에서 동력을 얻게 된다. 모두가 그 길에서 새로운 가능성과 희망을 찾기를 희망한다.

— 세종대학교 만화애니메이션텍 전공 **한창완** 교수

● 추천사 ❸

AI는 무섭지 않아요.

인간의 마지막 영역이라고 생각했던 예술. AI는 갑작스럽게도 예술의 영역부터 넘보고 있네요. 예술을 목표로 하는 사람들은 '이러다가 작가라는 직업이 사라지는 건 아닐까?', '지금까지 그림을 공부하던 난 뭘 해야 할까?'라는 불안감에 빠지게 됩니다.

게다가 '세상은 아무나 AI로 예술가가 될 수 있어요!'라는 이야기만 가득할 뿐, 기존 작가에 대해 진지한 고민을 하는 사람은 드뭅니다.

실제로 AI에게 직업을 빼앗길지도 모르는 작가들은 이러한 분위기가 두렵기만 합니다. 이러한 상황에서 "AI는 무섭지 않아요." 라고 친절하게 알려 주는 희망을 담은 책이 등장했습니다. AI가 작가를 대신하는 무서운 세상이 아닌, 함께하는 세상을 이 책을 통해 경험하고, 새로운 창작의 미래로 함께 전진할 수 있으리라 기대합니다.

– 『웹툰 클립스튜디오 2.0』, 『웹툰 스케치업』 저자, 만화기호학자 엘프 화가 **조지훈**

● 추천사 ❹

책을 쓰는 이가 누구인지에 따라 내용과 질이 얼마나 달라질 수 있는지 보여 준다. AI도 마찬가지여서 누가 어떻게 어떤 목적으로 사용하느냐에 따라 결과는 달라진다. 이 책을 펼치는 순간, 당신은 AI를 활용하는 다양한 스킬과 올바른 사용 방법을 만나게 된다.

– 한국웹툰산업협회 회장 **서범강**

● 추천사 ❺

2022년에 시작된 인공지능의 새로운 시대를 탐험하는 이 책은 창작의 세계에서 AI를 활용하고자 하는 모든 이들에게 영감을 제공합니다. 창작자가 AI를 도구로 삼아 무한한 가능성을 탐구할 수 있음을 열정적으로 보여 주며, 이야기를 통해 현재까지의 발전을 일목요연하게 정리해냅니다.

각 장마다 펼쳐지는 창작 과정의 가이드는 독자로 하여금 직접 도전하고 싶은 욕구를 불러일으킵니다. 가볍게 시작해 보세요. 이 책은 창작의 즐거움을 경험하기에 완벽한 출발점입니다.

– Stable Diffusion Korea 운영자, soy.lab 대표 **최돈현**

● 추천사 ❻

인공지능으로 사람이 사라지는 것이 아니라 오히려 뚜렷해진다는 것을 이 책을 통해서 더욱 선명하게 알 수 있게 됐다.

인공지능으로 인해 전문가들은 좀 더 창의력에 힘을 쏟을 수 있게 됐고 단순하고 반복적인 업무로부터 해방되고 있는 것이다.

이 책은 단순 툴 사용법이 아니라 인공지능으로부터 더욱 자유롭게 활동할 수 있는 노하우를 알 수 있는 활용 서적이다.

인간이 인공지능에 의해 지배당하는 것이 아니라 인공지능을 어떻게 잘 활용하고 실전에서 써먹을지 이 책을 보면서 다시 한번 깨닫게 됐다.

우리가 상상하는 모든 것을 표현해 줄 인공지능 조수가 있으니 당장 응용하기를 바란다.

– 히든브레인연구소 소장, 열린인공지능 대표, 어비 **송태민**

차례

머리말 인공지능이 몰려오고 있습니다 · · · · · 002
추천사 · 004

Chapter 1 작가에게 인공지능이란? · · · 011

생산성 증가 · · · · · · · · · · · · · · · · 013
  1. 초안 작성 지원 · · · · · · · · · · · · · 013
  2. 교정 및 편집 · · · · · · · · · · · · · · 013
  3. 자동화된 리서치 · · · · · · · · · · · · 013
  4. 피드백과 개선 · · · · · · · · · · · · · 014
  5. 창의적 시간 확보 · · · · · · · · · · · · 014

창의력의 확장 · · · · · · · · · · · · · · · 014
  1. 캐릭터 개발 · · · · · · · · · · · · · · · 014
  2. 플롯 구성 · · · · · · · · · · · · · · · · 015
  3. 시각적 영감 · · · · · · · · · · · · · · · 015
  4. 장르 혼합 · · · · · · · · · · · · · · · · 015
  5. 대사와 서사의 창조 · · · · · · · · · · · 015

상호작용적 스토리텔링 · · · · · · · · · · 016
  1. 시즌별 스토리라인 · · · · · · · · · · · 016
  2. 독자 투표 시스템과 독자 주도 스토리 발전 · · 016
  3. 캐릭터 커스터마이징 · · · · · · · · · · 016
  4. 인터랙티브 미스터리 · · · · · · · · · · 017

언어의 장벽 극복: AI 번역과 AI 성우 더빙의 활용
· 018
  1. AI 번역 · · · · · · · · · · · · · · · · · 018
  2. AI 성우 더빙 · · · · · · · · · · · · · · 018

OST: 주제가 제작 · · · · · · · · · · · · · 021
  1. 고품질 음악 활용 · · · · · · · · · · · · 021
  2. 감정에 맞는 음악 생성 · · · · · · · · · 021
  3. 개성 있는 콘텐츠 제작 · · · · · · · · · 021
  4. 작가 본연의 창작 활동에 집중 · · · · · · 021
  5. 접근성 향상 · · · · · · · · · · · · · · · 021
  6. 커스터마이징 가능 · · · · · · · · · · · 022

무빙툰: 다양한 인터랙티브 웹툰 · · · · · · 023
  1. 독자 경험의 향상 · · · · · · · · · · · · 023
  2. 스토리텔링의 새로운 방식 · · · · · · · · 023
  3. 제작 과정의 변화 · · · · · · · · · · · · 023
  4. 상호작용 증가 · · · · · · · · · · · · · · 023
  5. 기술적 진입 장벽 · · · · · · · · · · · · 021

웹소설 등의 표지 · · · · · · · · · · · · · 024
  1. 비용 절감 · · · · · · · · · · · · · · · · 024
  2. 시간 효율성 · · · · · · · · · · · · · · · 024
  3. 창작자의 독립성 증가 · · · · · · · · · · 024
  4. 대중의 시각적 관심 유도 · · · · · · · · 025
  5. 경쟁력 강화 · · · · · · · · · · · · · · · 025
  6. 피드백과 개선의 용이성 · · · · · · · · · 025

데이터 기반 인사이트: 인공지능을 통한 독자 선호 분석과 2차 콘텐츠 확장 · · · · · · · · · 025
  1. 독자 행동 분석 · · · · · · · · · · · · · 026
  2. 댓글 및 리뷰 분석 · · · · · · · · · · · · 026
  3. 굿즈 및 머천다이징 기획 · · · · · · · · 026

Chapter 2 두려워하지 말고 시도해 보기 · · 029

Mage Space · · · · · · · · · · · · · · · · · 030
Stable Diffusion v1-5 Demo · · · · · · · · · 031
Playground AI · · · · · · · · · · · · · · · · 031
hotpot.ai · · · · · · · · · · · · · · · · · · · 031
DreamStudio · · · · · · · · · · · · · · · · · 032
Dezgo · 032
Neural.love · · · · · · · · · · · · · · · · · · 033
You.com · · · · · · · · · · · · · · · · · · · 034
Stable Horde · · · · · · · · · · · · · · · · · 034
Night Cafe · · · · · · · · · · · · · · · · · · 035
Craiyon · 036

Chapter 3 환경 구축하기 · · · · · 037

스테이블 디퓨전 시작하기 · · · · · 038
- 스테이블 디퓨전이란? · · · · · 039

소프트웨어 설치 · · · · · 041
1. 스테이블 디퓨전 · · · · · 041
2. 웹사이트에서 파일 다운로드하기 · · · · · 043
3. 스테이블 디퓨전 사용하기 · · · · · 046
4. 스테이블 디퓨전으로 할 수 있는 것 · · · · · 049

Chapter 4 프롬프트를 적용해 이미지 생성하기 · · 057

좋은 프롬프트를 만드는 규칙 · · · · · 056
프롬프트를 생성할 때의 유의점 · · · · · 057
1. 깔끔, 담백한 지시어를 사용하자 · · · · · 057
2. 전문 용어를 사용하자 · · · · · 058
3. 한국어를 영어처럼 사용하자 · · · · · 058

좋은 프롬프트의 해부 · · · · · 059
1. 대상 · · · · · 060
2. 추가 상세부 · · · · · 060
3. 재료 · · · · · 062
4. 스타일 · · · · · 066
5. 작품과 아티스트 · · · · · 069
6. 해상도, 퀄리티 · · · · · 072
7. 색 · · · · · 075
8. 조명 · · · · · 077

미술사에 기반을 둔 스타일을 제시해 주는 프롬프트 · · · · · 080
1. 고대 · · · · · 081
2. 5~15세기 · · · · · 081
3. 14~16세기 · · · · · 081
4. 17~18세기 · · · · · 082
5. 19세기 · · · · · 082
6. 20세기 · · · · · 083

성격과 감정을 표현하는 프롬프트 · · · · · 085
1. 성격 · · · · · 086
2. 감정 · · · · · 088

부정 프롬프트 · · · · · 094
1. 향상된 이미지 품질(화질 관련 부정 프롬프트) · · · · · 095
2. 해부학적 정확성(해부학적 부정 프롬프트) · · · 095
3. 원치 않는 텍스트 제거(텍스트 관련 부정 프롬프트) · 095
4. 불필요한 요소 제거(기타 부정 프롬프트) · · · · · 095
5. 임베딩 사용(Badhandv4, FASTNEGATIVEv4, Easynegative) · · · · · 095

프롬프트 적용 비교 · · · · · 097

Chapter 5 챗GPT로 작품 기획하기 · · · · 107

세계관 설정 · · · · · 109
줄거리 · · · · · 109
에피소드 정리 · · · · · 110
웹툰 1화 분량 글 콘티 · · · · · 111
캐릭터 설정 · · · · · 115
캐릭터 설정에 따른 프롬프트 입력, 미드저니 캐릭터 이미지 생성 · · · · · 118
챗GPT와 함께 캐릭터 설정표 작성해 보기 · · · 119
챗GPT와 함께 캐릭터별 스토리 중심으로 작성해 보기 · · · · · 121
1. 캐릭터의 기본사항 · · · · · 121
2. 최종 목표 및 단계별 목표 · · · · · 121
3. 장애물 · · · · · 121
4. 주인공의 성장(갈등 해소) · · · · · 122

챗GPT와 함께 전체 줄거리 정리해 보기 · · · 123
챗GPT에 사용할 캐릭터별 말투 정리해 보기 · · · 124

Chapter 6 콘셉트 아트와 배경 디자인, 소품 디자인하기 · · 129

콘셉트 디자인에서 가장 중요한 '분위기' · · · 126
   1. 콘셉트 디자인 단계 · · · · · · · · · 129
   2. 단계별 적용 예시 · · · · · · · · · · 129
   3. 스테이블 디퓨전 사용해 보기 · · · · · 137

Chapter 7 캐릭터시트와 로라 만들기 · · 145

캐릭터시트 만들기 · · · · · · · · · · · · 146
   1. Character Sheet, Turn Around, White Background:
      · · · · · · · · · · · · · · · · · 148
   2. Various Expressions, Happy, Sad, Angry, Smile,
      Multiple Pose and Expressions, Various Facial
      Expressions and Movements: · · · · · 148
   3. 5장의 캐릭터 설정 시트로 캐릭터 이미지 뽑아내기 149

스타일 유지하며 캐릭터 표정과 동작 변형해 보기
   · · · · · · · · · · · · · · · · · · · 152
   1. 명확한 스타일 지정 · · · · · · · · · 155
   2. 세부 묘사 추가 · · · · · · · · · · · 155
   3. 감정과 포즈 명시 · · · · · · · · · · 155
   4. 작품 참조 · · · · · · · · · · · · · 156
   5. 반복과 수정 · · · · · · · · · · · · 156
   6. 커뮤니티의 피드백 활용 · · · · · · · 156

--sref를 사용해 캐릭터의 표정과 동작 변형해 보기
   · · · · · · · · · · · · · · · · · · · 157

로라 만들기 · · · · · · · · · · · · · · · 159
   1. 로라와 드림부스의 차이점 · · · · · · 159
   2. 로라 훈련의 복잡성 · · · · · · · · · 159
   3. 훈련 이미지 수 · · · · · · · · · · · 159
   4. 이미지 캡션 · · · · · · · · · · · · 160
   5. 이미지 형식 권장 사항 · · · · · · · · 160
   6. 이미지 사양 · · · · · · · · · · · · 160
   7. 제외해야 할 이미지 유형 · · · · · · · 160
   8. 이미지 배치 · · · · · · · · · · · · 160

이미지 태그 넣기 · · · · · · · · · · · · 162

로라 학습 UI · · · · · · · · · · · · · 163
기본 세팅 · · · · · · · · · · · · · · 164

Chapter 8 미드저니와 스테이블 디퓨전을 이용해 편집하기 167

미드저니 작품 제작 과정 · · · · · · · · · 168
   1. 콘티 작성 · · · · · · · · · · · · · 168
   2. 이미지 생성 · · · · · · · · · · · · 168
   3. 포토샵 작업 · · · · · · · · · · · · 168
   4. 일러스트레이터에서 최종 완성 · · · · 168

단발머리 여주인공 캐스팅하기 · · · · · · 169
   1. 콘티 작성: Adobe Illustrator AI 사용 가이드 · · 169
   2. 이미지 생성 · · · · · · · · · · · · 172
   3. 포토샵 작업 · · · · · · · · · · · · 180
   4. 일러스트레이터에서 최종 원고 편집 및 완성 · 183

스테이블 디퓨전 작품 제작 과정 · · · · · · 189

Chapter 9 응용 실전 예시 · · · 193

벚꽃 탄산 · · · · · · · · · · · · · · 194
햄의 햄버거 대모험 · · · · · · · · · · 196
케니스와 샘물 · · · · · · · · · · · · 198
타샤의 신비로운 크리스마스 · · · · · · 200
루카와 마법의 돌 · · · · · · · · · · · 202
신에게 선택받은 자 · · · · · · · · · · 204

코어와 펑크 · · · · · · · · · · · · · · 206
   코어 스타일 · · · · · · · · · · · · · 206
   펑크 스타일 · · · · · · · · · · · · · 208

부록 코어/펑크 프롬프트 · · · 210

맺음말 "작가의 목표는 오직 재미있는 작품이다." · 225
레퍼런스 · · · · · · · · · · · · · · 228

Chapter 1 | 작가에게 **인공지능이란?**

인공지능은 창작의 영역에서 혁신을 가져올 기술이며 창작 활동에 새로운 차원을 제공합니다. 인공지능은 방대한 데이터와 정보를 바탕으로 아이디어를 제시할 수 있으며 이는 작가가 이전에는 생각하지 못했던 방식으로 이야기를 구상하는 데 도움을 줄 수 있습니다.

우리는 검색이나 조사를 할 때 주로 인터넷을 이용합니다. 도서관, 신문 자료 등을 이용해 자료 조사를 하던 시대는 이미 지났습니다. 참고 서적보다 구글, 잡지보다 핀터레스트와 인스타그램을 검색하는 것이 익숙해졌습니다. 하지만 인터넷 검색창을 통한 자료 수집에는 한계가 있습니다. 인공지능은 이러한 자료 수집의 한계를 극복할 수 있는 도구입니다. 원하는 이미지의 키워드만으로도 저작권에서 자유로운 근사한 참고 이미지를 얻을 수 있습니다. 인공지능의 확장성은 다음과 같습니다.

생산성 증가

인공지능은 반복적이고 시간이 많이 소요되는 작업을 자동화함으로써 작가의 창작 활동에 도움을 줍니다. 예를 들어 초안 작성, 교정 및 편집과 같은 작업을 인공지능이 도와줌으로써 작가는 창작 활동에 더욱 집중할 수 있게 됩니다.

1. 초안 작성 지원

챗GPT와 같은 인공지능은 기본적인 스토리 구조를 설정하고 캐릭터 개발, 플롯 라인, 대화 등과 같은 초안을 작성하는 데 도움을 줍니다. 제시된 키워드나 테마를 바탕으로 소설의 개요나 시놉시스를 자동으로 생성할 수 있고 작가가 각 장면에 대한 아이디어와 스토리를 빠르게 확장하고 구체화하는 데도 사용할 수 있습니다. 이 밖에 창의적인 생각을 인공지능이 생성한 초안에 반영해 시간을 절약할 수 있고 복잡한 스토리라인을 보다 쉽게 관리할 수도 있습니다.

2. 교정 및 편집

인공지능은 문법, 철자, 구두점 등의 오류를 식별하고 수정하는 데 사용할 수 있습니다. 언어의 흐름과 일관성을 분석해 문체를 향상시키고 메시지를 명확하게 전달할 수 있도록 도와줍니다. 어색한 문장 구조를 개선하고 명료성을 높이며 작품의 흐름을 개선할 수 있는 방법을 제공해 주기도 합니다. 이 과정에서 작가가 인공지능에게 본인의 스타일을 학습시킨다면 작가의 개인적인 스타일과 목소리를 고려해 편집 제안을 할 수 있습니다. 이는 작가가 글의 질을 향상시키는 데 필요한 시간을 단축시킬 뿐 아니라 텍스트를 보다 객관적으로 분석하고 개선할 수 있는 기회를 제공합니다. 특정 장르나 출판사의 스타일 가이드에 맞춰 글을 자동으로 수정할 수 있는 인공지능 편집 도구도 존재합니다. 챗GPT 등의 도구를 사용해 '나만의 봇'을 제작하는 것도 예전에 비해 쉬워져서 개인화된 툴을 개발해 사용할 수도 있습니다.

3. 자동화된 리서치

인공지능은 작가가 쓰고 있는 주제에 대한 심층적인 연구를 수행할 수 있습니다. 예를 들어 역사적 배경, 과학적 개념 등에 대한 정보를 수집하고 정리해 작가에게 제공합니다. 이는 연구 중심의 글쓰기나 학술적 글쓰기에 있어 유용하고 작가가 정보 수집보다는 실제 글쓰기에 더 많은 시간을 할애할 수 있게 해 줍니다. 이를 통해 작가는 작품 연구와 조사에 드는 시간을 줄이고 스토리의 깊이와 고증의 정확성을 높일 수 있습니다.

4. 피드백과 개선

인공지능은 글에 대한 피드백을 실시간으로 제공할 수 있고 작가가 문서를 다듬는 과정에서 즉각적인 수정을 할 수 있게 도와줍니다. 또한 독자의 반응을 예측하고 작품의 잠재적인 강점과 약점을 지적할 수 있습니다.

5. 창의적 시간 확보

인공지능의 지원으로 시간이 절약되면 작가는 이 시간을 창의적 사고와 혁신적인 아이디어를 탐색하는 데 사용할 수 있습니다. 이는 작가가 자신만의 독창적인 작품을 창조하고 작가로서의 성장과 발전에 필요한 시간을 확보할 수 있게 해 줍니다.

결론적으로 말하면, 인공지능은 작가가 작품을 준비하면서 거쳐야 하는 반복적인 작업에서 벗어나 창작의 본질에 더 가까이 다가갈 수 있도록 도와주어 창작 능력을 최대한 발휘할 수 있는 환경을 조성해 주는 작업 파트너가 될 수 있습니다.

창의력의 확장

인공지능을 사용하면 기존의 창의적 한계를 넘어설 수 있을 뿐 아니라 새로운 스타일과 장르를 실험할 기회도 가질 수 있습니다. 인공지능이 생성한 내용은 작가에게 영감을 줄 수 있으며 이는 작가가 자신만의 독특한 분위기를 개발하는 데 도움이 될 수 있습니다.

1. 캐릭터 개발

인공지능은 다양한 인물 특성, 배경 스토리, 동기를 랜덤하게 생성해 새로운 캐릭터 아이디어를 제안할 수 있습니다. 작가는 이를 기반으로 좀 더 복잡하고 다층적인 캐릭터를 창조할 수 있으며 이를 통해 독자들에게 더욱 다양한 스토리를 제공할 수 있습니다.

2. 플롯 구성

인공지능은 비선형적인 스토리라인이나 예상치 못한 전개를 제시함으로써 작가가 가지고 있는 기존의 서사 구조에 새로운 도전을 할 수 있도록 돕습니다. 예를 들어 웹툰에서 다양한 타임라인을 가진 복잡한 플롯을 만들거니 독지기 스토리의 방향을 바꿀 수 있는 인터랙티브한 요소를 추가할 수도 있습니다.

3. 시각적 영감

인공지능이 생성한 이미지는 작가에게 새로운 비주얼 스타일과 장면 설정에 대한 영감을 줄 수 있습니다. 예를 들어 인공지능이 생성한 풍경이나 배경은 작가가 새로운 세계를 구축하는 데 사용할 수 있으며 이는 작가의 스타일 안에서 구축됐던 세계관의 방식으로는 떠오르지 않았을 독특한 장면을 만들어 낼 수 있습니다.

4. 장르 혼합

인공지능은 여러 장르의 요소를 결합해 기존에는 시도하지 않은 새로운 장르를 탐험할 수 있도록 제안합니다. 예를 들어 로맨틱 코미디에 공포 요소를 결합한 새로운 서브 장르를 탐험하게 함으로써 더 넓은 독자층을 확보하고 새로운 시장을 개척할 수 있습니다.

5. 대사와 서사의 창조

인공지능은 대화를 생성하는 데도 유용하게 사용할 수 있습니다. 작가는 인공지능이 만들어 낸 대사를 사용하거나 수정해 자연스럽고 생동감 있는 대화를 창작할 수 있으며 이는 캐릭터 간의 상호작용과 서사를 풍부하게 만드는 데 기여할 수 있습니다.

결론적으로 말하면, 인공지능은 만화·웹툰 작가들에게 기존의 창의적 한계를 넘어서거나 더 넓은 스토리텔링의 영역으로 나아가기 위한 실용적인 도구를 제공합니다. 인공지능의 다양한 기능을 활용함으로써 독창적인 스토리를 만들어 내고 자신만의 독특한 스타일을 발전시킬 수도 있습니다.

상호작용적 스토리텔링

아직까지 시도된 적은 없지만, 인공지능은 독자와의 상호작용적인 스토리텔링을 가능하게 만들어 줄 수 있습니다. 댓글의 반응에 따라 스토리 라인이 조금씩 바뀌는 경우는 종종 있어 왔지만, 인공지능의 도움으로 빠른 제작이 가능하게 될 것으로 예상되기 때문에 아예 처음부터 독자들과의 상호작용에 따른 전개가 가능하게 할 수도 있습니다. 예를 들어 독자의 선택이나 피드백을 바탕으로 스토리가 변화하는 대화형 작품을 제작할 수 있습니다.

1. 시즌별 스토리라인

웹툰에서 독자는 주요 결정 지점에서 다른 경로를 선택할 수 있습니다. 예를 들어 주인공이 위험에 직면했을 때 독자는 공격, 방어 또는 회피 중에서 하나를 선택할 수 있으며 이 선택은 스토리의 후속 이벤트와 결말에 직접적인 영향을 미칩니다.

2. 독자 투표 시스템과 독자 주도 스토리 발전

웹툰 플랫폼은 독자들이 주요 캐릭터의 행동이나 플롯의 방향에 대해 투표할 수 있는 시스템을 제공할 수 있습니다. 가장 많은 표를 받은 선택을 다음 에피소드의 스토리에 반영되도록 하는 것입니다. 독자들이 웹툰의 스토리 발전에 직접 기여할 수도 있습니다. 독자들의 제안과 아이디어는 투표를 통해 채택되며 가장 인기 있는 아이디어는 실제 스토리에 반영되도록 할 수 있습니다.

3. 캐릭터 커스터마이징

독자는 자신만의 캐릭터를 생성하고 웹툰 내에서 활동할 수 있습니다. 독자가 선택한 특성과 선호도에 따라 개별 캐릭터의 모습과 성격을 생성하고 이런 과정을 거쳐 자신의 아바타를 통해 스토리에 직접 참여할 수 있습니다. 2017년 네이버에 연재됐던 하일권 작가의 〈마주쳤다〉는 이미 인공지능, 증강현실, 머신러닝을 접목한 독자가 웹툰에 출연하는 구조를 갖고 있었습니다. 이름을 묻고 대답하는 과정이나 질문 팝업 창에 답변을 직접 입력하고 선택하면서 스토리가

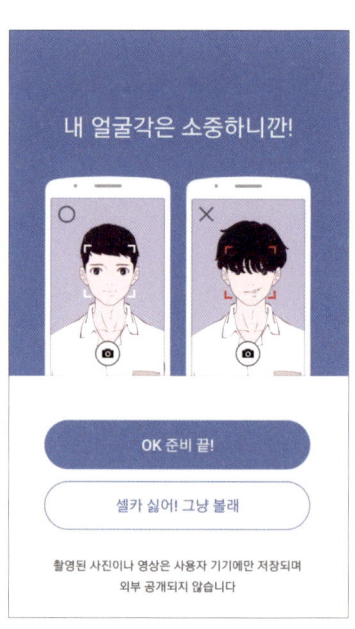

하일권, 〈마주쳤다〉, 2017. (출처: 네이버)

이어지도록 했습니다. 스마트폰을 회전하면 웹툰 속 풍경이 360도 화면으로 펼쳐지거나 캐릭터가 눈 맞추는 느낌이 구현되도록 하기도 했습니다. 이때는 전체적으로 만들어진 스토리 안에 캐릭터가 삽입된 느낌이 강했는데, 인공지능의 개입으로 좀 더 다양하고 많은 선택지가 생기지 않을까 하는 기대감도 있습니다.

4. 인터랙티브 미스터리

독자들이 인터랙티브 미스터리 웹툰에서 증거를 수집하고 퍼즐을 해결해 스토리를 진행시키는 것이 가능하게 될 수 있습니다. 각 선택은 다양한 결과로 이어지며 독자는 여러 번의 시도를 통해 모든 가능성을 탐색할 수 있습니다. 이러한 독자 참여형 콘텐츠는 훨씬 다양한 결말과 호응을 이끌어 낼 수 있을 것이라고 생각합니다.

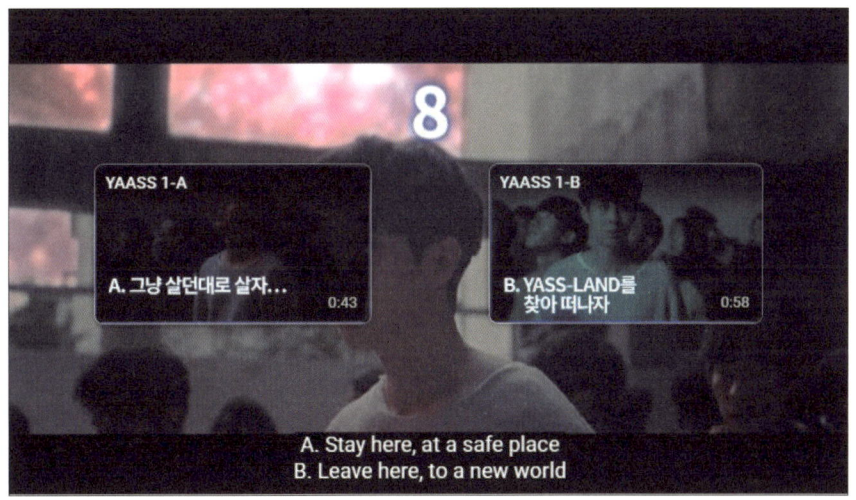

Parasite Choi Woo Shik AORB by Cass, 〈선택 희비극, 아오르비(AORB)〉, 2019.

2019년 카스에서 광고로 집행한 유튜브 광고 영화가 뜨거운 이슈로 관심을 받았습니다. 인공지능을 이용하면 독자의 반응과 인터랙션을 분석해 스토리와 캐릭터의 발전을 동적으로 조정할 수 있습니다. 이는 스토리가 독자의 반응에 따라 유연하게 변화하도록 함으로써 더 개인화되고 매력적인 경험을 제공할 수 있습니다.

이러한 상호작용적 스토리텔링 접근 방식은 만화·웹툰 작가들이 독자와 더 깊은 관계를 맺을 수 있도록 도와주고 독자들에게는 자신이 창작 과정의 일부가 된다는 만족감을 제공합니다. 이는 더 많은 참여를 유도하고 작가에게는 다양한 관점에서 스토리를 바라볼 기회를 줌으로써 창의력을 더욱 확장시킬 수 있습니다.

언어의 장벽 극복: AI 번역과 AI 성우 더빙의 활용

인공지능 기술의 발전은 작가들이 언어와 문화의 경계를 넘어 전 세계적인 독자층과 소통할 수 있는 길을 열어 주고 있습니다. 특히, 번역과 더빙 분야에서의 인공지능의 활용은 작가들에게 다음과 같은 이점을 제공합니다.

1. AI 번역

AI 번역 도구는 정확하고 빠른 번역을 가능하게 해 줌으로써 작가가 자신의 작품을 여러 언어로 확장할 수 있도록 도와줍니다. 예를 들어 웹툰 작가가 자신의 작품을 한글로만 제공하고 있다면 AI 번역 도구를 사용해 영어, 일본어, 스페인어, 중국어, 아랍어 등 다양한 언어로 빠르게 번역할 수 있습니다. 이는 작품의 국제적 접근성을 높이고 다양한 문화권의 독자에게 작품을 소개할 수 있는 기회를 제공합니다. 더욱이 단순한 언어 변환뿐 아니라 구어체, 대화체 등의 자연스러운 번역까지 가능해지면서 AI 번역 도구는 문화적 콘텍스트와 특정 지역의 관습에 맞게 번역을 조정할 수 있는 능력도 갖췄습니다. 이를 통해 작가는 자신의 작품이 다른 문화권에서도 원래의 의미와 감정을 유지할 수 있습니다. 특히, 번역 비용이 크게 절감되기 때문에 개인 작가들도 보다 많은 독자를 만날 수 있습니다.

2. AI 성우 더빙

만화·웹툰을 보면서 캐릭터들의 목소리를 상상해 본적이 있나요? 오디오 웹툰 등이 인기몰이를 하고 있긴 하지만, 대부분의 작품은 더빙을 상상하기 어렵습니다. 물론 목소리에 생명력이 있는 전문 성우들의 목소리를 입힐 수 있다면 더할 나위 없이 좋겠지만, 비용을 생각하면 선뜻 진행하기는 어려울 것입니다. 인공지능 성우 더빙 기술은 작가가 만든 캐릭터에 다양한 언어로 목소리를 부여할 수 있게 합니다. 웹툰이나 애니메이션에 인공지능을 사용해 자연스럽고 감정적인 뉘앙스를 담은 여러 언어의 더빙을 추가함으로써 국제적인 시청자들에게도 자신의 작품을 선보일 수 있습니다. 다음과 같은 이유로 앞으로 웹툰은 더욱 풍부한 콘텐츠로 성장할 것이라고 전망합니다.

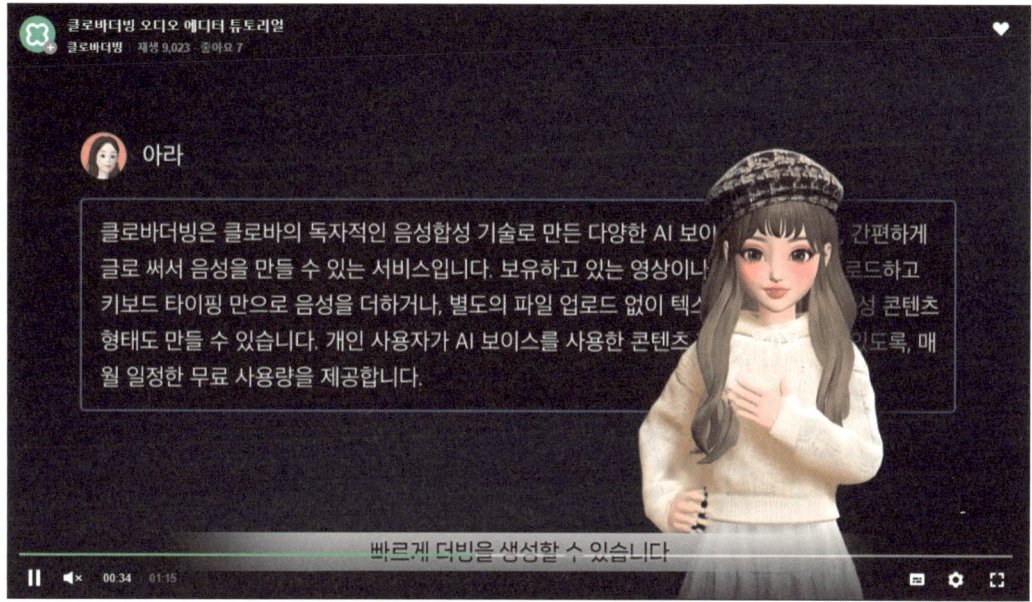

네이버에서 제공하는 클로바 더빙

❶ 다차원적인 스토리텔링

인공지능 더빙을 활용하면 단순한 텍스트와 이미지를 넘어 음성과 오디오 요소를 추가할 수 있습니다. 이는 독자들에게 더욱 몰입감 있는 경험을 제공하며 스토리를 다층적으로 전달할 수 있습니다.

❷ 비용 효율성

전문 성우를 고용하는 것은 비용이 많이 들 수 있지만, 인공지능 더빙은 상대적으로 경제적입니다. 이는 특히 예산이 제한된 독립 작가나 작은 출판사에게 유리합니다.

❸ 언어 장벽 해소

인공지능 더빙 시스템을 사용하면 다양한 언어로 쉽게 번역하고 더빙할 수 있습니다. 이는 작품을 국제적으로 알릴 수 있으며 더 많은 독자를 만날 수 있다는 것을 의미합니다. 특히, 유튜브 등의 리뷰나 소통을 통해 국제적인 독자층을 확보할 수 있는 길도 열릴 수 있습니다.

④ 창작의 유연성

인공지능 더빙은 작가가 다양한 목소리, 톤, 감정을 실험할 수 있는 유연성을 제공합니다. 이를 통해 캐릭터들의 개성을 더욱 풍부하게 표현할 수 있습니다. 독자 참여도 가능하기 때문에 보다 다양한 콘텐츠 거리를 능동적으로 만들어 주는 기회가 되기도 합니다. ♥

⑤ 업데이트와 수정의 용이성

전문 성우를 사용할 때는 수정이나 업데이트가 어려울 수 있습니다. 반면, 인공지능 더빙은 필요에 따라 쉽게 조정하고 업데이트할 수 있기 때문에 작품의 질을 지속적으로 향상시킬 수 있습니다.

⑥ 창의적 실험의 기회

인공지능 더빙을 통해 전통적인 스토리텔링 방식을 넘어 새로운 형식의 서사를 탐색할 수 있습니다. 예를 들어 인터랙티브 스토리나 오디오 드라마 형식의 웹툰 등을 시도할 수 있습니다.

⑦ 독자 참여 증가

오디오 요소가 추가된 웹툰은 독자들에게 더욱 매력적일 수 있으며 이는 더 높은 참여와 충성도를 이끌어 낼 수 있습니다.

위와 같이 작가는 인공지능 기반 번역 및 더빙 도구의 활용을 통해 작품의 글로벌 배포를 가속화할 수 있습니다. 이는 작가가 세계적인 독자층을 확보하고 자신의 위치를 빠르게 확립할 수 있으며 광범위한 독자층에게 영향력을 행사할 수 있는 기회를 제공합니다. 작가는 이 기술을 통해 문화적 장벽을 넘어 전 세계적인 영향력을 확장할 수 있으므로 국제적인 성공을 거두는 데 필수적인 수단이 될 것입니다.

OST: 주제가 제작

인공지능으로 생성된 음원은 저작권을 행사할 수 없지만, 저작권료를 받지 않는 음원에 대한 법적 규정은 없기 때문에 작품에 도움이 되는 사운드를 제작할 수 있습니다.

1. 고품질의 음악 활용

배경 음악이나 효과음은 만화나 웹툰 작품을 온라인 플랫폼이나 애니메이션 등으로 제작할 때 매우 중요한 요소입니다. 인공지능이 생성한 음원을 사용하면 작가들은 라이선스 비용이나 저작권료를 지불하지 않고도 고품질의 음악을 활용할 수 있습니다.

2. 감정에 맞는 음악 생성

인공지능을 활용해 특정 장면이나 감정에 맞는 음악을 쉽게 생성할 수 있습니다. 이는 작가가 원하는 분위기를 보다 자유롭게 표현할 수 있게 해 주며 창작 과정에서의 제약을 줄여 줍니다.

3. 개성 있는 콘텐츠 제작

인공지능 음원은 표준화된 트랙과 달리, 작가의 요구사항에 맞춰 개성 있는 음악을 만들어 낼 수 있습니다. 이는 작품의 독창성을 높이고 독자들에게 더욱 매력적인 경험을 제공할 수 있습니다.

4. 작가 본연의 창작 활동에 집중

전통적인 방법으로 음악을 제작하거나 라이선스를 구하는 과정은 시간이 많이 소요될 수 있습니다. 인공지능을 사용하면 이러한 과정을 단축시켜 작가가 본연의 창작 활동에 더 집중할 수 있게 됩니다.

5. 접근성 향상

음악 제작이나 라이선스 구매에 대한 기술적·재정적 장벽이 낮아짐에 따라 더 많은 창작자가 자신의 작품에 음악을 활용할 수 있게 됩니다.

6. 커스터마이징 가능

 한 번에 원하는 음원이 나오지 않으면 다른 프로그램이나 앱을 통해 옵션을 조정하고 추가해 보면서 커스터마이징도 가능합니다. 다음의 〈혼돈의 만화교실 Part 0〉은 인공지능을 활용해 기본 음원을 생성하고 커스터마이징한 후 발매한 앨범입니다. 2022년에 이미 가수 홍진영이 〈사랑은 24시〉를 발매한 바 있습니다. 다만, 작곡의 주체가 '이봄(EVOM)'이라는 인공지능이기 때문에 저작권료가 지급되지 않고 있습니다.

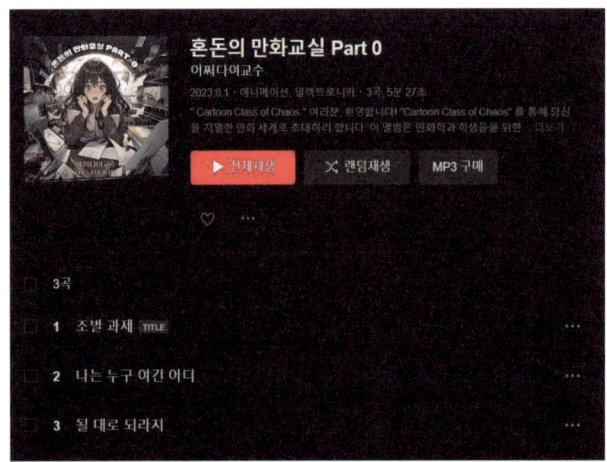

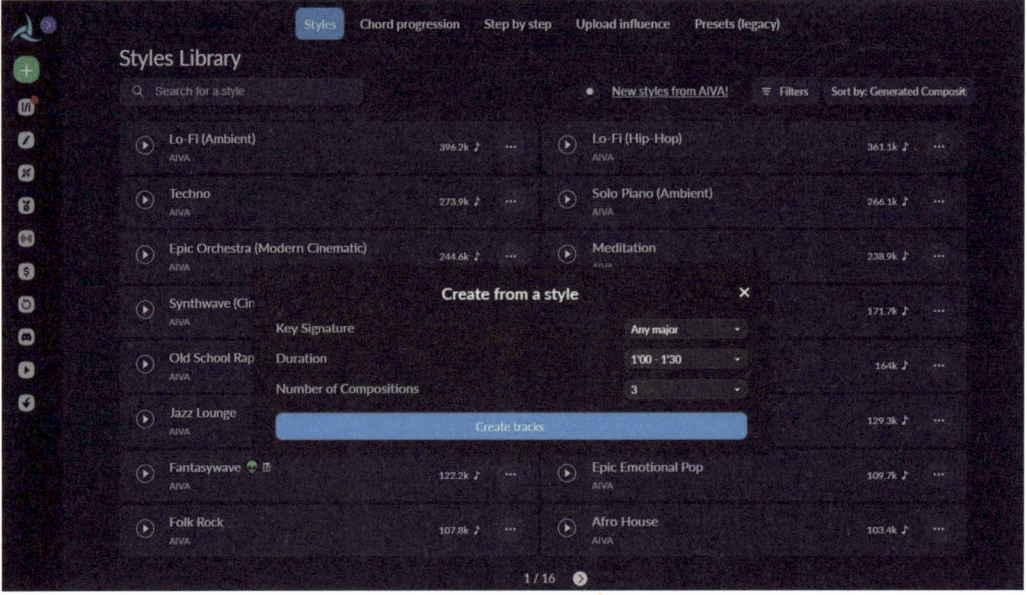

사용법이 무척 쉬운 인공지능 작곡 프로그램 아이바(AIVA)입니다. 스타일별로 선택하거나 장·단조 선택, 음원의 길이, 빠르기 등을 선택할 수 있고 믹싱이나 효과 등의 더욱 섬세한 옵션 조절도 가능합니다.

무빙툰: 다양한 인터랙티브 웹툰

'스테이블 디퓨전'과 같은 기술이 img2mov 서비스를 강화하고 있는 현재 상황은 웹툰 제작에 있어서 매우 흥미로운 발전입니다. 또한 2024년 초, OpenAI에서 SORA를 발표하며 영상 분야는 더욱 가속도가 붙을 것으로 전망됩니다. 이러한 기술이 웹툰 산업에 적용되면 몇 가지 중요한 변화와 가능성을 가져올 수 있습니다.

웹툰의 '움직임' 추가: 현재의 웹툰은 대부분 정적인 이미지로 구성돼 있습니다. 하지만 img2mov와 같은 서비스를 이용해 간단한 애니메이션 또는 움직이는 이미지를 추가하면 이야기를 좀 더 생동감 있게 전달할 수 있습니다. 대표적인 예로 표정 변화, 배경의 미묘한 움직임, 중요한 장면에서의 동적 효과 등을 들 수 있습니다.

1. 독자 경험의 향상

웹툰의 중간중간에 동적 요소를 추가하면 독자들은 보다 풍부한 시각적 경험을 할 수 있습니다. 이는 독자들을 작품에 더 오랫동안 머물게 하고 몰입도를 높일 수 있습니다.

2. 스토리텔링의 새로운 방식

움직이는 이미지는 단순한 시각적 효과를 넘어 스토리텔링의 방식 자체를 변화시킬 수 있습니다. 동적 요소를 활용해 이야기의 흐름을 조절하거나 특정 장면을 강조하는 등 창의적인 접근이 가능해집니다.

3. 제작 과정의 변화

움직임을 포함한 웹툰 제작은 전통적인 만화 제작 방식과 다른 접근이 필요합니다. 이는 웹툰 작가와 제작자들에게 새로운 기술 스킬과 창의적 사고를 요구하게 될 것입니다.

4. 상호작용 증가

웹툰에 움직이는 이미지나 애니메이션이 포함되면 독자와의 상호작용이 촉진될 수 있습니다. 예를 들어, 독자가 화면을 클릭하거나 스와이프하는 등의 동작으로 새로운 장면이나 이야기 요소를 경험할 수 있습니다.

5. 기술적 진입 장벽

이러한 기술은 새로운 형식의 웹툰 제작을 가능하게 하지만, 동시에 기술적인 학습과 적응이 필요합니다. 따라서 작가, 제작자들은 새로운 기술을 익히고 적용하는 데 시간과 자원을 투자해야 할 수도 있습니다.

이러한 기술적 발전은 웹툰 산업에 새로운 차원의 가능성을 제시하며 향후 몇 년 안에 이 분야에서 큰 변화를 가져올 것으로 예상됩니다. 이미지와 애니메이션을 결합한 새로운 형태의 웹툰은 전 세계적으로 독자에게 새로운 종류의 엔터테인먼트 경험을 제공할 것입니다.

웹소설 등의 표지

물론 우려 섞인 의견이 많은 것도 알고 있습니다. 웹소설은 웹툰보다 더 많은 경쟁작들 속에서 하루에도 몇 편의 신작이 올라왔다가 사라집니다. 대부분의 웹소설 작가들은 웹소설로 벌어들이는 수입이 적습니다. 따라서 독자의 시선을 끄는 표지를 제작하는 데 부담을 느낄 수밖에 없습니다. 가장 좋은 것은 작품을 이해하는 그림 작가의 손길을 통해 탄생되는 것이겠지만 독자들의 관심에서 사라지기 전에 작품을 시각적으로 보여 줄 수 있는 요소가 필요합니다. 인공지능을 활용한 표지 제작에 대한 관심이 높은 이유는 다음과 같습니다.

1. 비용 절감

많은 웹소설 작가는 제한된 예산으로 작업해야 합니다. 전문적인 그래픽 디자이너나 일러스트레이터에게 의뢰하는 것은 비용이 많이 들 수 있습니다.

2. 시간 효율성

전문적인 표지 디자인은 시간이 오래 걸릴 수 있습니다. 인공지능을 이용하면 빠르게 생성할 수 있으므로 시장에 빠르게 진입할 수 있습니다.

3. 창작자의 독립성 증가

인공지능을 사용하면 작가 자신이 직접 표지를 제작할 수 있습니다. 이는 창작 과정에서의 독립성을 높이고 작가의 창의적 비전을 표지에 반영할 수 있게 해 줍니다. 작가의 요구사항과 작품의 내용을 반영해 맞춤형 표지를 제작할 수 있기 때문에 작품의 분위기와 테마를 보다 잘 표현할 수 있습니다.

4. 대중의 시각적 관심 유도

웹소설이 성공한 데는 독자들의 첫인상이 중요합니다. 매력적인 표지는 독자들의 주목을 끌고 작품에 대한 호기심을 유발할 수 있습니다.

5. 경쟁력 강화

시장에서 두드러지기 위해서는 독창적이고 전문적인 표지가 필요합니다. 인공지능은 다양한 스타일과 디자인을 실험할 수 있는 기회를 제공해 작품의 경쟁력을 높이는 데 도움을 줍니다.

6. 피드백과 개선의 용이성

인공지능을 통한 표지 제작은 수정과 개선이 쉽습니다. 시장 반응에 따라 표지를 빠르게 조정하고 개선할 수 있어 시장 적응력을 높일 수 있습니다.

이러한 이유 때문에 인공지능 기반 표지 제작 도구는 매우 유용한 자원이 될 수 있습니다. 이는 개인 작가들이 창의적이고 경제적인 방식으로 자신의 작품을 시장에 선보이는 데 도움이 되고 작품의 가시성과 성공 가능성을 높이는데도 기여할 수 있습니다.

데이터 기반 인사이트: 인공지능을 통한 독자 선호 분석과 2차 콘텐츠 확장

인공지능은 대규모 데이터 분석을 통해 작가들에게 독자의 선호와 트렌드에 관한 자료를 분석해 줄 수 있습니다. 이는 만화와 웹툰의 내용뿐 아니라 관련 상품과 2차 창작물의 개발에도 큰 도움을 줄 수 있습니다. 인공지능을 활용한 데이터 분석이 만화·웹툰 작가와 출판사에게 제공하는 혜택은 다음과 같습니다.

1. 독자 행동 분석

인공지능 알고리즘은 웹툰 플랫폼에서 독자들의 클릭률, 읽는 시간, 행동 패턴 등을 분석할 수 있습니다. 이 데이터를 통해 작가는 어떤 스토리라인이 가장 인기가 있는지, 어떤 캐릭터에 가장 강한 반응을 보이는지를 파악할 수 있습니다. 또한 어떤 장르나 주제가 트렌드인지를 식별하고 이에 따라 다음 작품이나 에피소드를 기획할 수 있습니다.

2. 댓글 및 리뷰 분석

인공지능은 댓글과 리뷰를 분석해 독자의 감정과 의견을 이해할 수 있도록 해 줍니다. 예를 들어 독자들이 특정 캐릭터나 스토리 전개에 대해 어떤 감정을 느끼고 있는지, 어떤 유형의 굿즈를 원하는지 등의 세부적인 정보를 파악할 수 있습니다. 이 정보는 2차 콘텐츠 개발에 중요한 기준이 됩니다.

3. 굿즈 및 머천다이징 기획

인공지능이 수집한 데이터를 바탕으로 독자들이 선호할 것으로 예상되는 굿즈의 종류를 결정할 수 있습니다. 예를 들어 특정 캐릭터에 대한 높은 관심이 확인되면 해당 캐릭터를 중심으로 의류, 액세서리 등의 굿즈를 제작할 수 있습니다.

❶ 개인화된 캐릭터 일러스트

인공지능을 이용해 팬들이 좋아하는 캐릭터를 다양한 스타일로 제공할 수 있습니다. 예를 들어 팬들이 원하는 배경, 의상, 포즈로 캐릭터를 맞춤 제작할 수 있습니다.

❷ 웹툰 캐릭터 기반의 아바타 생성

사용자가 자신의 사진을 업로드하면 해당 웹툰의 캐릭터 스타일로 변환하는 인공지능 서비스를 제공할 수 있습니다. 이러한 아바타는 소셜 미디어 프로필 사진이나 가상현실 환경에서 사용할 수 있습니다.

네이버 툰필터 서비스

❸ 커스텀 메시지가 포함된 굿즈

인공지능을 사용하면 웹툰 캐릭터의 목소리로 녹음된 오디오 클립이나 음성 메시지를 제공할 수 있습니다. 팬들은 자신이 좋아하는 캐릭터의 목소리로 된 개인화된 메시지를 받을 수 있습니다. 생일 축하 메시지나 기념일 축하 메시지를 캐릭터의 목소리로 전달하는 것도 가능하게 할 수 있습니다. USB나 파일로 제공받아 스마트폰 알림 설정 등으로 활용할 수도 있습니다.

❹ 마케팅 전략의 최적화

인공지능을 통해 얻은 데이터를 활용해 효율적인 광고 캠페인을 수행할 수 있습니다. 어떤 채널과 메시지가 독자에게 가장 큰 반응을 유도하는지를 파악해 마케팅 자원을 최적화하고 광고의 효과를 극대화할 수 있습니다.

❺ 콘텐츠 배포 전략

AI 분석을 통해 특정 지역 또는 나라에서 인기 있는 트렌드를 식별할 수 있습니다. 이를 통해 글로벌 배포 전략을 조정하고 특정 시장에 맞춘 콘텐츠를 제작해 해당 시장의 독자층을 더욱 확장할 수 있습니다.

위와 같이 인공지능 기반의 데이터 분석은 작가가 독자의 선호와 시장의 요구에 보다 정확하게 부응할 수 있고 2차 콘텐츠와 굿즈의 개발 및 마케팅 전략을 효과적으로 수립하는 데 큰 도움을 줍니다. 이는 작가가 시장의 변화에 민감하게 반응하고 독자와의 관계를 강화하는 데 중요한 역할을 합니다. 결론적으로 인공지능은 작가에게 두려움의 대상이 아닌, 창작 활동을 강화하고 확장하는 도구로서 포용돼야 합니다. 인공지능의 가능성을 적극적으로 탐색함으로써 작가는 자신의 작품과 창작 영역을 한 단계 끌어올릴 수 있습니다.

어떤 프로세싱으로 활동할 수 있는지 다음 표에 정리해 봅시다.

기존의 나라면	인공지능과 함께라면
1. 자료 조사는 이렇게 할 수 있다.	
2. 스토리와 캐릭터 설정은 이렇게 한다.	
3. 연재처와 2차 시장 확장 계획	

Chapter 2 두려워하지 말고 시도해 보기

    인공지능이 처음이라면 무엇부터 시작해야 할지 막막하기도 할 것이고 어떤 툴이 내가 잘 사용할 수 있는 툴 인지 가늠하거나 파악하는 데도 많은 시간이 걸릴 것입니다. 어떤 프로그램이 안전하고 제대로 사용할 수 있는지, 투자 대비 가성비는 어떤지, 퀄리티는 어느 정도인지 넘쳐나는 서비스와 시도에 따라 갈팡질팡할 수밖에 없는 시기이기도 합니다. 그렇다고 넋 놓고 있을 수만은 없습니다. 지금까지 나온 툴 중에서 써 볼 만한 것들을 모아 봤습니다. 선뜻 유료로 시작하기 망설여지고 컴퓨터 업그레이드에 부담을 느낀다면 한번 사용해 보고 인공지능과 나와의 궁합은 어느 정도인지 체크해 봅시다.

    아직 스테이블 디퓨전을 설정하지 않은 경우, 온라인에서 제공하는 무료 스테이블 디퓨전 생성기를 사용해 볼 수 있습니다.

Mage Space[1]

    인터페이스가 간단합니다. 1.5 모델의 기본 이미지는 가입할 필요가 없습니다. 무료 계정으로 가입한 후 네거티브 프롬프트와 v2 모델과 같은 고급 옵션을 사용할 수 있습니다. 유료 요금제는 다른 모델을 이용할 수 있습니다.

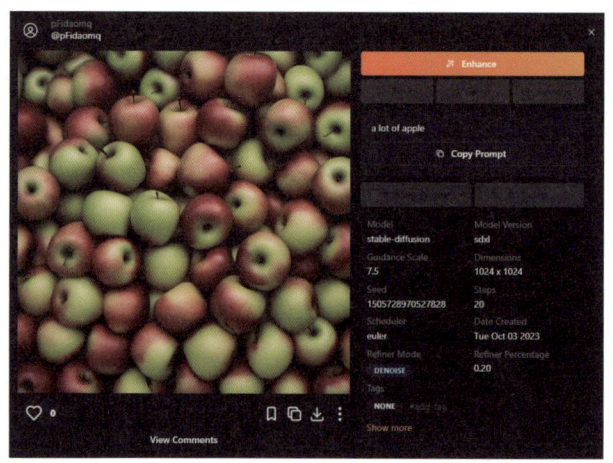

---

[1] https://www.mage.space/

Stable Diffusion v1-5 Demo[2]

안정적인 확산을 맛보는 첫 번째 타이머에 적합한 허깅 페이스 데모입니다. 가입할 필요가 없습니다. 요즘은 많이 사용하지 않아서 속도가 빠른 편입니다. 한 번에 4장의 이미지가 있지만 커스터마이징은 거의 없습니다. 부정적인 프롬프트를 지원하는 v2.1 버전도 있지만, 약간 느립니다.

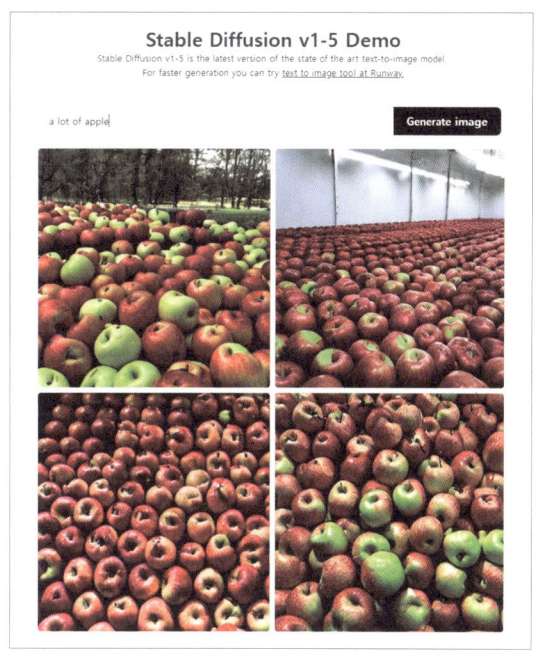

Playground AI[3]

이미지 생성과 소셜 네트워크를 결합합니다. 이미지 생성, 공유 및 좋아요, 크리에이터 팔로우가 가능합니다. 렌더링 옵션은 제한적이지만 속도는 빠릅니다. 이미지 리믹스는 흥미로운 기능으로, 기본 모델만 가능합니다.

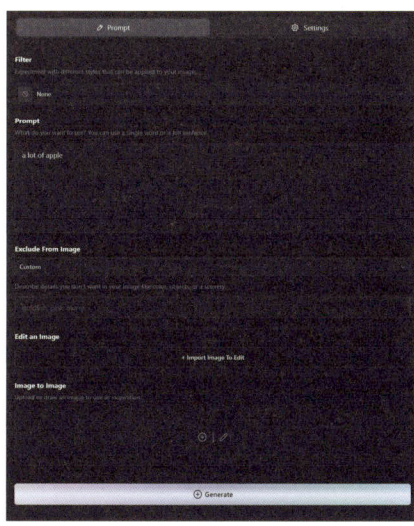

---

[2] https://huggingface.co/spaces/runwayml/stable-diffusion-v1-5
[3] https://playgroundai.com/create

hotpot.ai [4]

이미지가 조금 작고 옵션이 제한돼 있습니다.

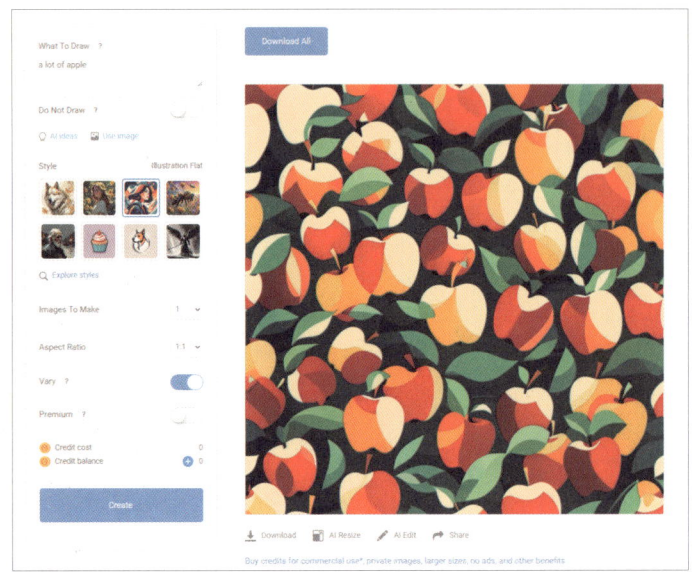

DreamStudio [5]

스테이블 디퓨전이 만든 웹사이트입니다. 가입(구글로 가능)하면 무료 크레딧이 제공되며 기본 모델만 가능합니다. 스타일 등 간단한 설정이 가능합니다.

---

[4] https://hotpot.ai/art-generator
[5] https://beta.dreamstudio.ai/generate

Dezgo [6]

가입이나 로그인이 필요하지 않습니다. Text-to-image and Image-to-image와 모델 선택이 가능합니다.

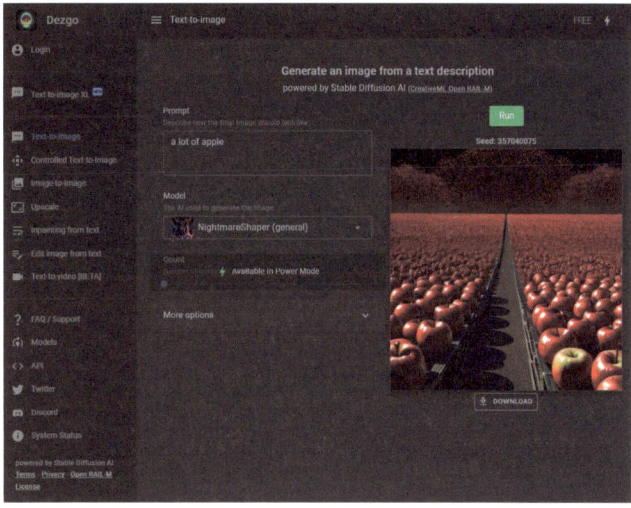

Neural.love [7]

가입 후 무료 이미지 생성할 수 있습니다. 모델에 투입하기 전에 프롬프트를 처리하는 것으로 보입니다. 최신 스테이블 디퓨전 1.5로 제한된 설정을 사용 합니다. 모델 설정이 가능합니다.

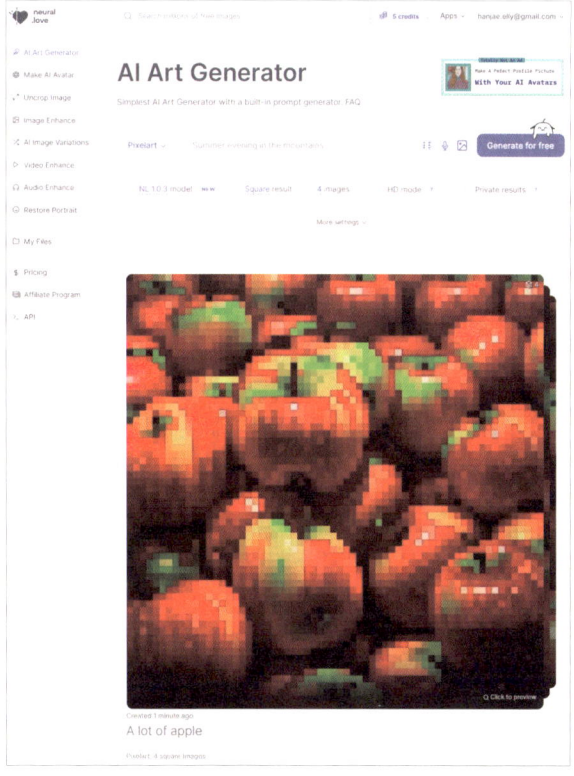

[6] https://dezgo.com/txt2img
[7] https://neural.love/ai-art-generator

You.com[8]

자유, 안정, 확산 이미지를 생성할 수 있습니다. 추가 옵션이 없습니다.

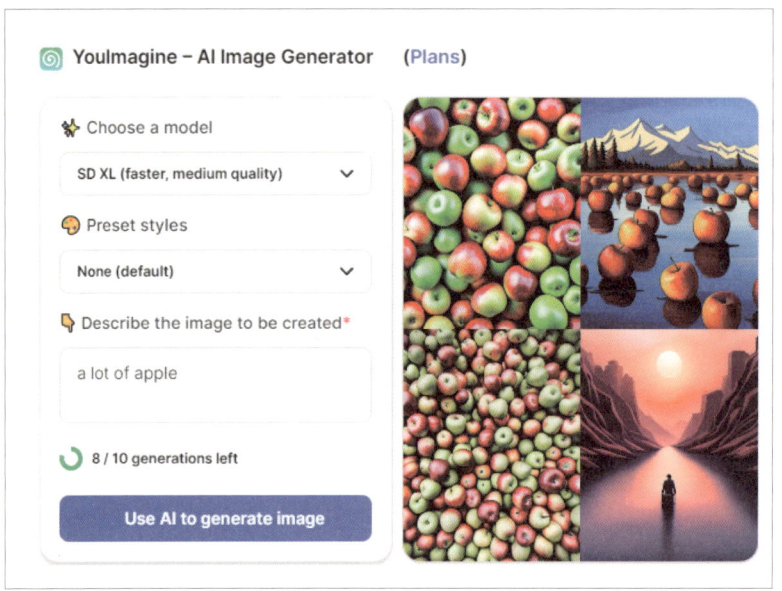

Stable Horde[9]

크라우드 소싱(Crowd Sourcing) 컴퓨팅에 따라 이미지를 생성합니다. 상대적으로 강력하고 부정적인 프롬프트를 지원합니다. 단점은 렌딩이 상당히 느리다는 것입니다.

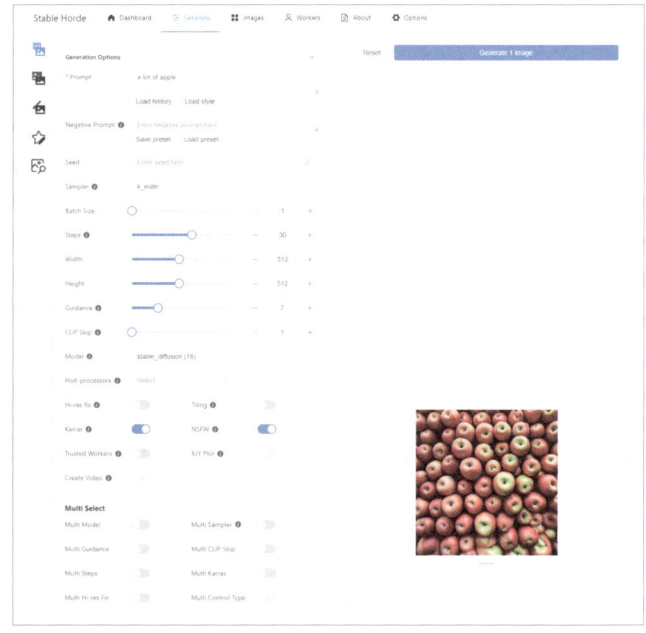

[8] https://you.com/search?q=stable+diffusion&fromSearchBar=true
[9] https://aquaixx.github.io/stable-ui/

Night Cafe [10]

가입(구글 가능)이 필요합니다.

바다, 수채화 등 사전 설정을 사용해 몇 분만에 작품을 생성할 수 있습니다. 어두운 그림에 최적화돼 있다고 합니다. 편집옵션이 제한적이지만 비디오 제작까지 가능하다는 장점이 있습니다. 제한된 사용으로 무료 이용이 가능하고, 생성된 이미지를 소유하려는 경우에는 사이트를 통해 구매할 수 있습니다. 인쇄해서 배송까지 서비스를 해 주고 있습니다.

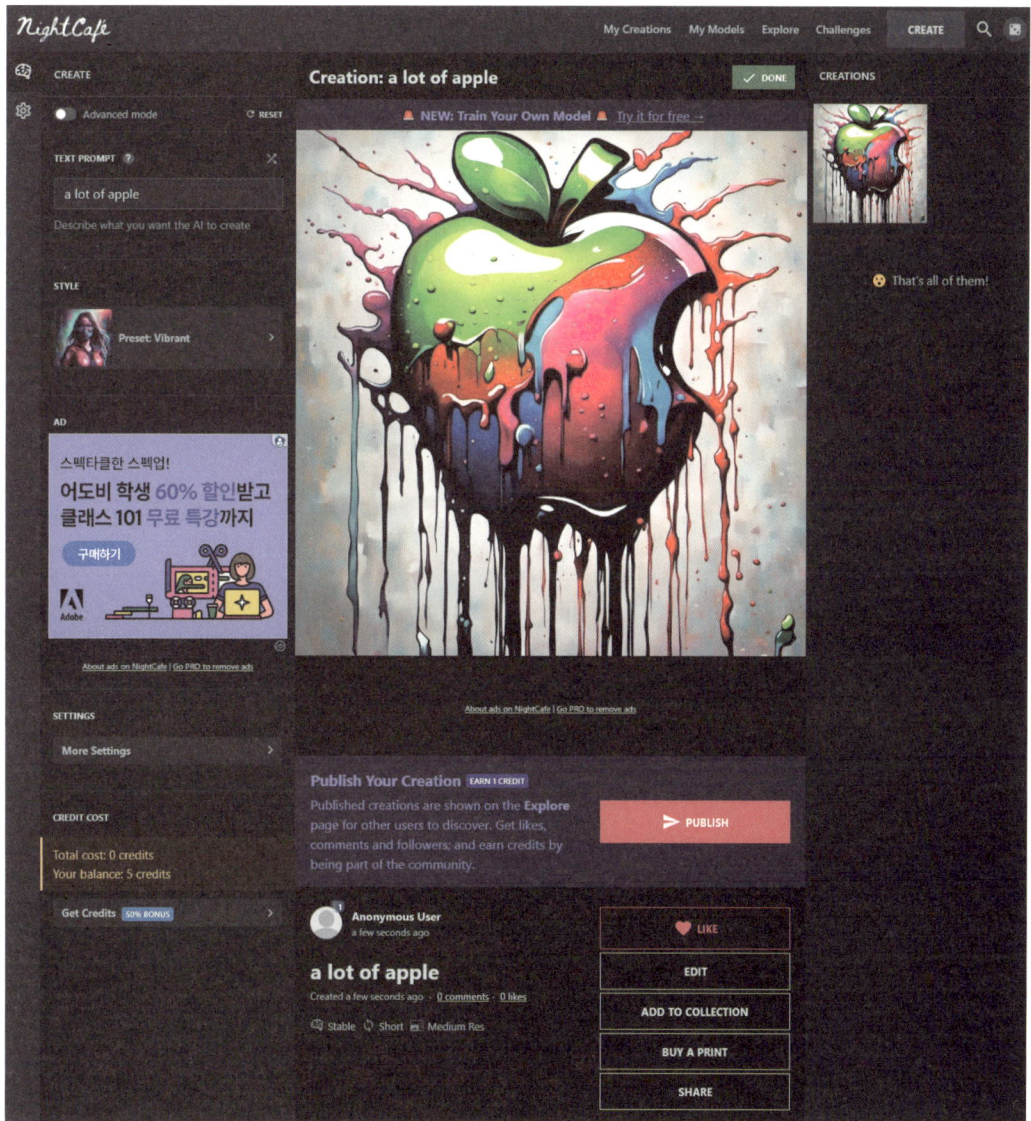

---

[10] creator.nightcafe.studio

Craiyon [11]

달리 미니(DALL·E mini) 모델입니다. 완전 무료이고 가입할 필요가 없습니다. 렌더링이 조금 느립니다.

---

[11] https://www.craiyon.com

Chapter 3 환경 구축하기

스테이블 디퓨전 시작하기

미드저니, 빙 크리에이터 등 수많은 툴이 있지만, 그 중에서도 스테이블 디퓨전(Stable Diffusion AI)에 주목하는 이유는 어떤 툴보다 사용자가 원하는 이미지를 목표에 맞게 조정할 수 있다는 것입니다. 아무리 매력적인 이미지를 만들어 낼 수 있다 하더라도 목적에 맞는 적절한 최상의 이미지를 만들어 내는 것이 콘텐츠 크리에이터들이 원하는 것이기 때문입니다. 이 책은 콘텐츠를 직접 만들어 활용하고 싶은 분을 위해 만들었습니다. 차근차근 따라 하다 보면 설치부터 제작까지 궁금했던 모든 단계를 경험할 수 있을 것입니다.

> Curious k-pop girl, a shy smile, microphone, 1girl, anime screencap, wave hair, red hair, red lace rococo long dress, stage, stage lights, (highres:1.2), (ultra-detailed:1.2), [high dynamic range lighting],(masterpiece:1.3), (best quality), highly quality, intricate details, (extremely detailed CG unity 8k wallpaper:1.2), best shadow, (extremely detailed fine touch:1.2), (high resolution), (8K), (extremely detailed), (4k), perfect face, nice eyes and face, (super detailed), detailed face and eyes, textured skin, absurdres, highres

> 궁금해서 만들어 본 니지저니(미드저니 내에 속해 있는 만화체 특화 모델로, —niji 6으로 사용됩니다). 결과물: 프롬프트를 살짝 변형했습니다.
> 1 Curious k-pop girl, a shy smile, microphone, wave hair, red hair, wearing red lace rococo long dress, stage, stage lights, zentangle mandala wide angle lens fantastic realism luxury diffused lighting dark-purple —ar 2:3

스테이블 디퓨전이란?

스테이블 디퓨전 AI(Stable Diffusion AI)는 인공지능 이미지를 생성하기 위한 잠재적 확산 모델입니다. 이미지는 카메라에 포착된 것처럼 사실적이거나 전문 아티스트가 제작한 것처럼 예술적인 스타일일 수 있습니다.

- 무료입니다.
- PC에서 실행할 수 있습니다.
- 초기 비용이 많이 듭니다.
- 그래픽 카드의 영향을 많이 받습니다.

구글 코랩(Google Colab) 등과 온라인 서비스를 이용할 수도 있지만, 보안 등의 이유로 로컬 컴퓨터에 구축해 사용하는 사용자들이 많아지고 있습니다. 웹 UI의 버전업이 워낙 자주 이뤄지고 공식 홈페이지나 블로그 검색 등을 통해 수시로 최신 버전을 체크하거나 새로운 옵션을 확인하는 것이 좋습니다.

일반적으로 설치[12]했을 때 나타나는 인터페이스는 다음과 같습니다.

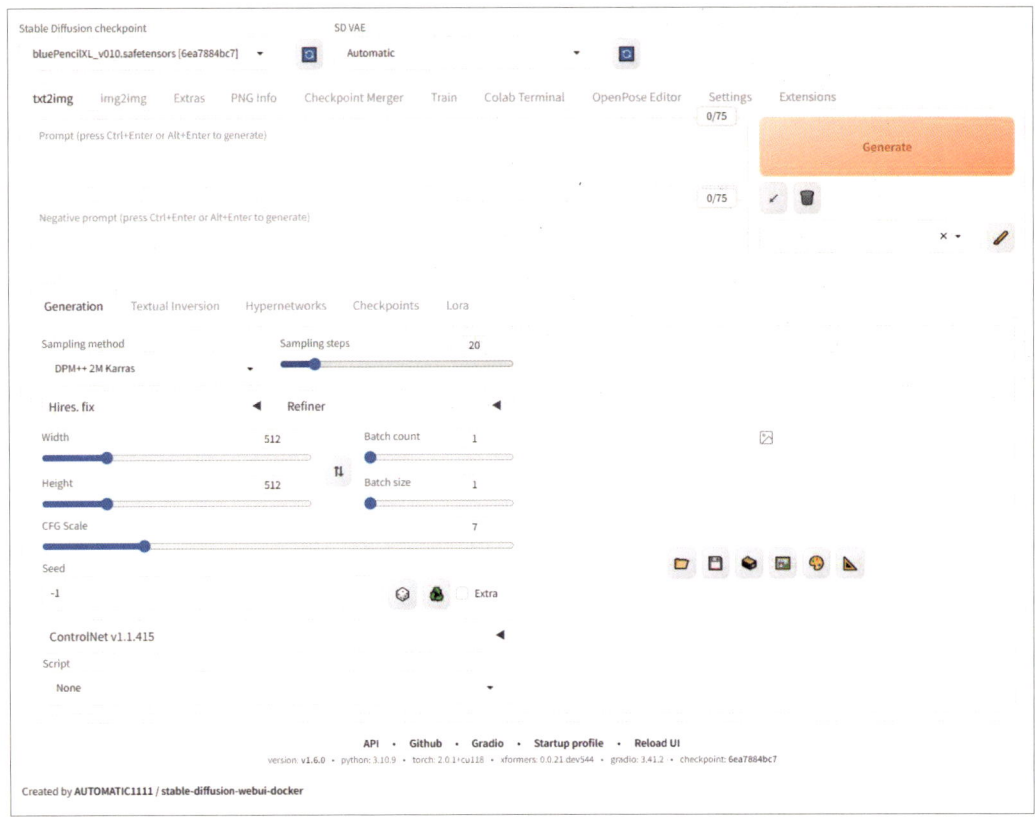

---

[12] https://github.com/AUTOMATIC1111/stable-diffusion-webui 에서 설치할 수 있습니다.

소프트웨어 설치

1. 스테이블 디퓨전

본문에 나오는 이미지는 일반적으로 깃(Git), 파이썬(Python)부터 실행해 설치한 버전을 사용했지만, 프로그래밍 언어에 약한 입문자를 위해 좀 쉽게 설치할 수 있는 버전을 소개하겠습니다.

오픈소스의 특성상 여러 가지 버전의 서비스를 볼 수 있는데 그중 가장 간단하게 설치해 사용할 수 있는 것이 스테이블리티 매트릭스(Stability Matrix)[13] 버전입니다. 스테이블리티 매트릭스는 멀티플랫폼패키지 관리자로 설계돼 깃(Git), 파이썬(Python) 등이 낯설거나, 모델 공유 과정에 어려움이 있거나, 좀 더 쉬운 관리를 원한다면 선택할 수 있는 좋은 방법이 될 것입니다. 클릭 한 번 만으로 AUTOMATIC1111, Fooocus(MRE)SD, Next, InvokeAI, ComfyUI, VoltaML과 같은 GUI를 간단하게 인스톨, 업데이트, 실행할 수 있으며 LoRA, ControlNet 등의 추가 학습 파일도 관리할 수 있습니다. 시비타이(Civitai)의 모델을 검색해 바로 인스톨하는 기능도 있습니다.

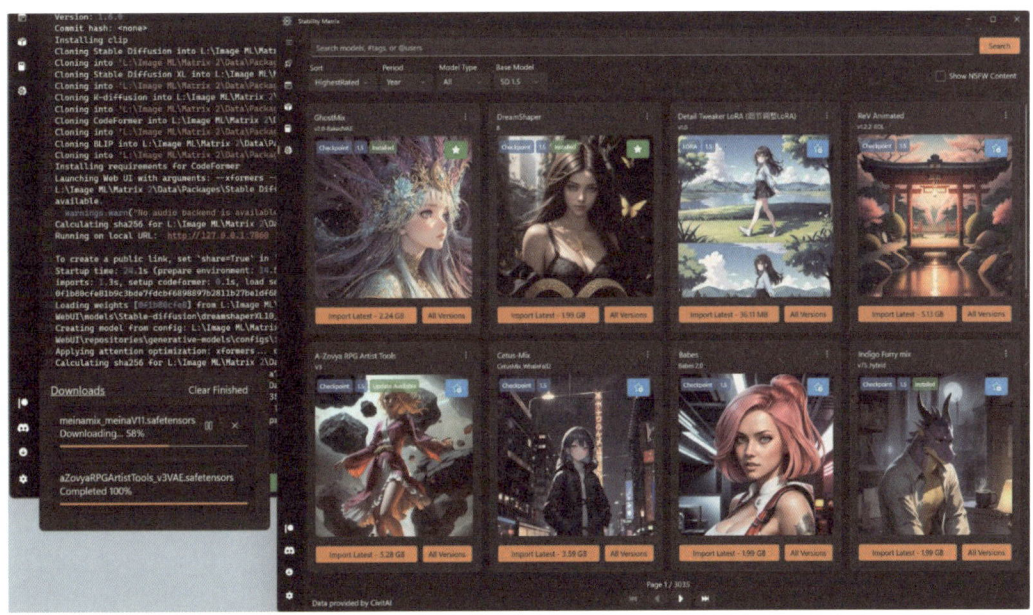

스테이블리티 매트릭스 인터페이스

---

[13] https://github.com/LykosAI/StabilityMatrix

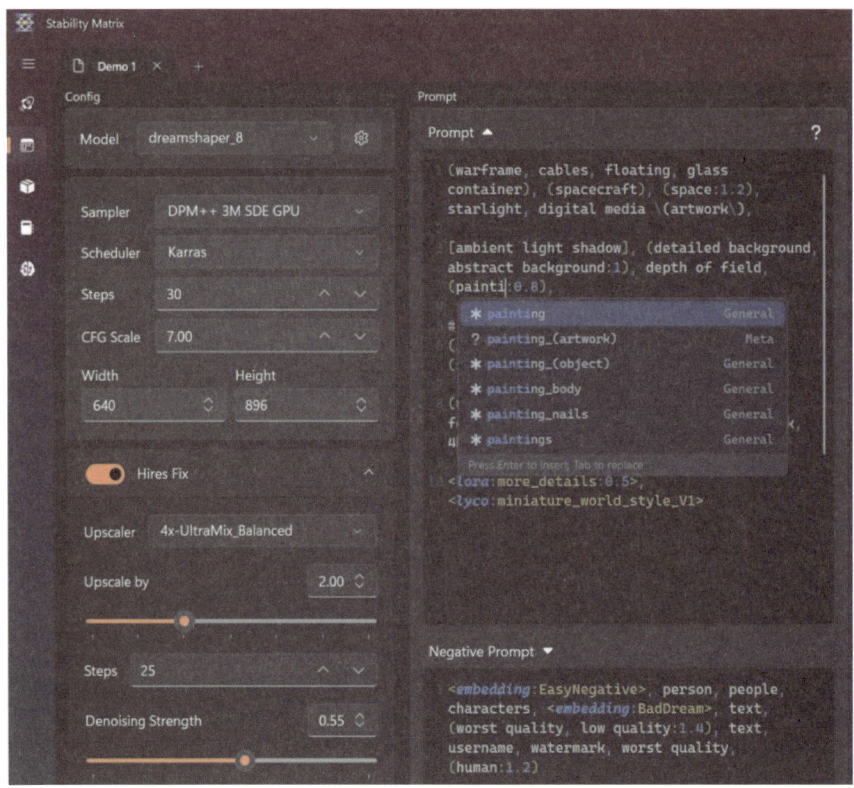

직관적인 인터페이스

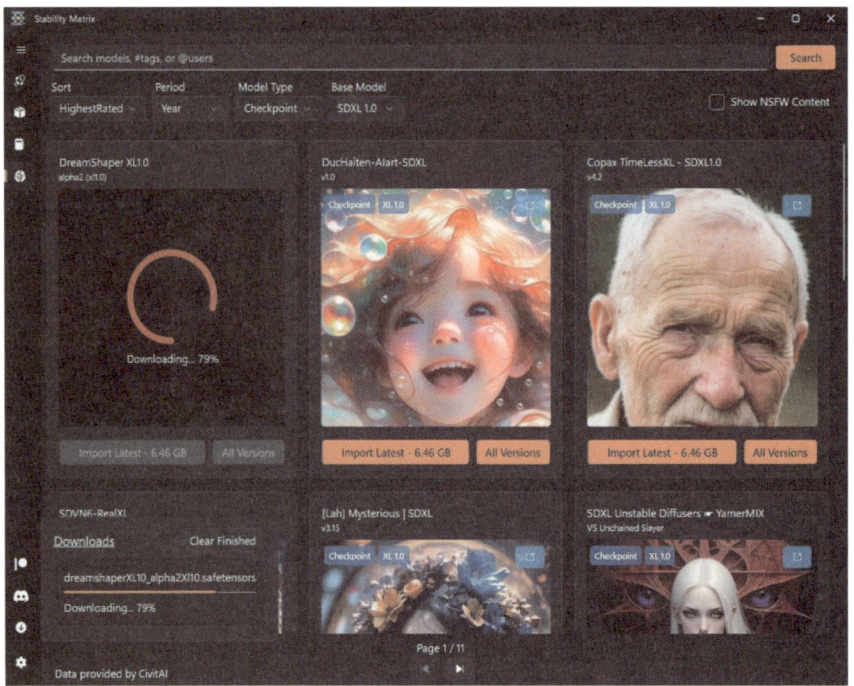

Civit AI 모델 검색과 다운로드 기능

2. 웹사이트에서 파일 다운로드하기

01 https://github.com/LykosAI/StabilityMatrix/releases로 접속하면 위와 같은 최신 버전을 다운로드 받을 수 있는 파일들이 보입니다(v2.10.3이 최신 버전입니다. 2024년 5월 기준).

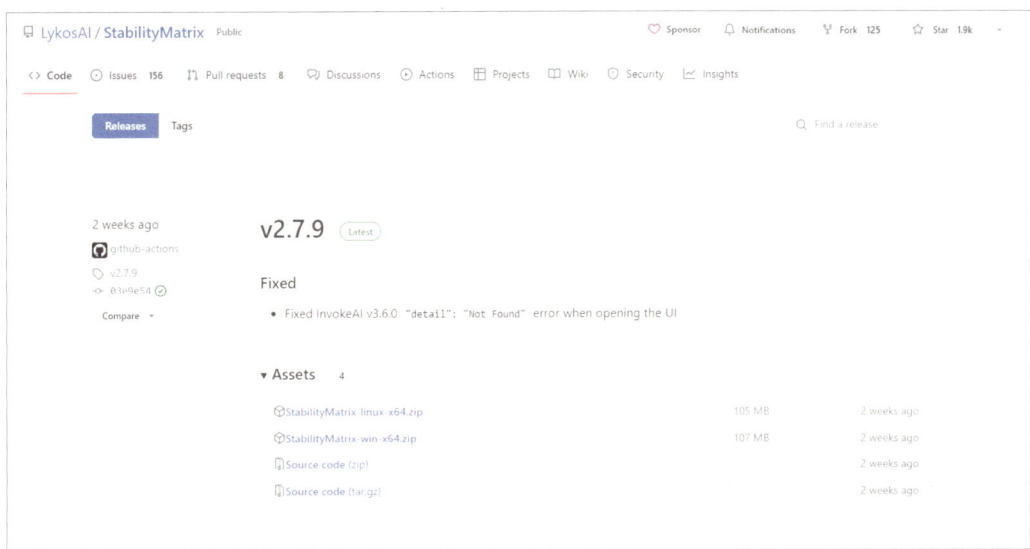

02 다운로드한 파일의 압축을 풀면 오른쪽과 같은 설치 파일(.exe)이 생성됩니다. 더블 클릭해 실행합니다.

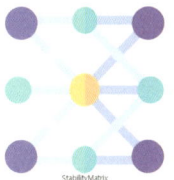

03 설치 파일을 클릭하면 바로 설치가 시작됩니다. 이때 설치돼 있는 그래픽 사양을 표시해 줍니다. 권장 그래픽 카드의 사양은 3040 부터입니다. [Continue]를 클릭합니다.

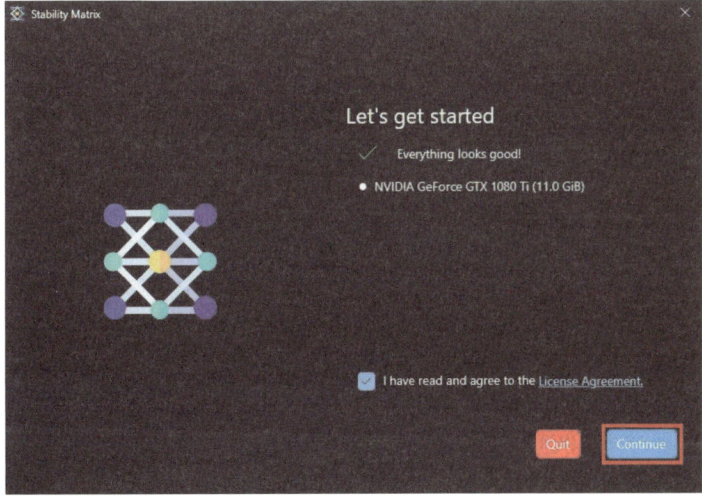

04 설치할 폴더를 지정한 후 [Continue]를 클릭합니다.

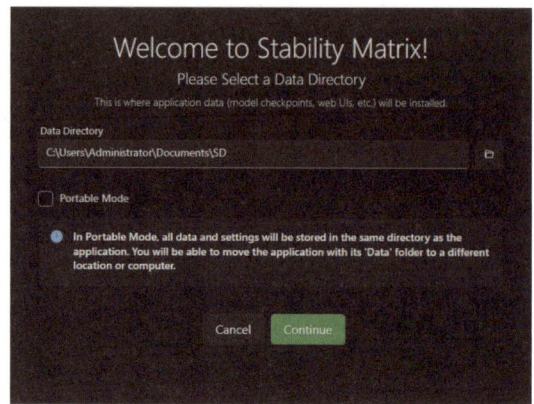

05 [Install] 버튼을 클릭하면 자동으로 설치됩니다. 내 컴퓨터 안의 지정한 폴더 안에도 자동으로 폴더들이 설치돼 있는 것을 확인할 수 있습니다.

06 설치된 기본 인터페이스의 모습입니다.

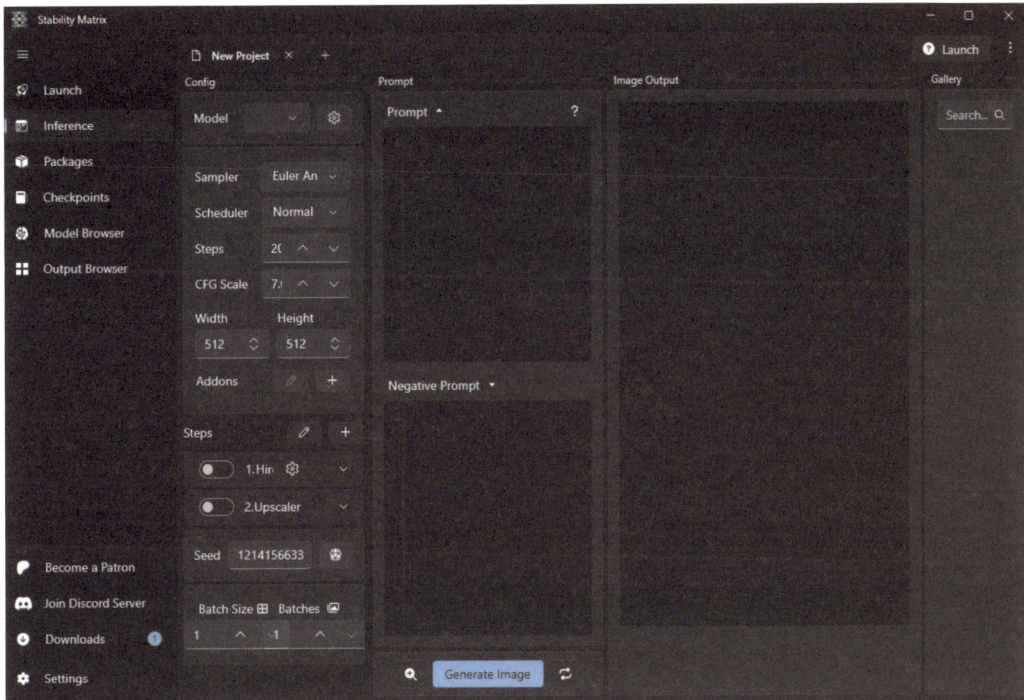

07 UI 안에서 Civit AI 등을 바로 검색하고 다운로드할 수 있는 옵션을 확인할 수 있습니다. Check point 등도 드래그 앤 드롭(Drag & Drop)으로 쉽게 설치할 수 있습니다.

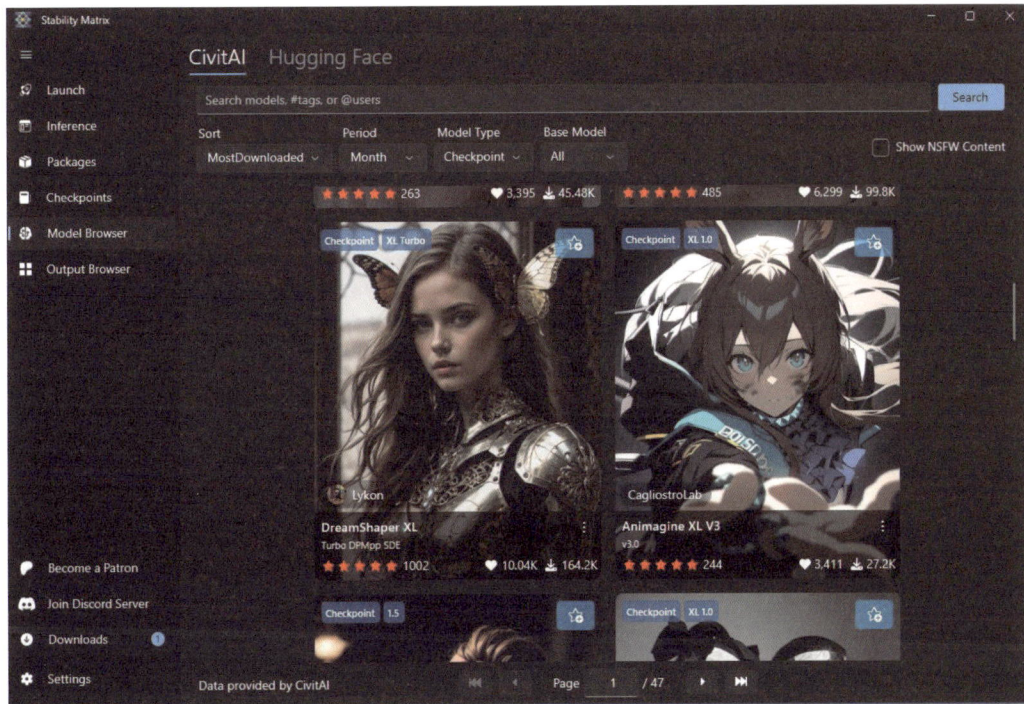

3. 스테이블 디퓨전 사용하기

주로 사용하는 UI입니다. UI는 스테빌리티 매트릭스 버전과 조금 다르지만 메뉴는 동일합니다. 각 메뉴를 비교하며 학습해 보세요.

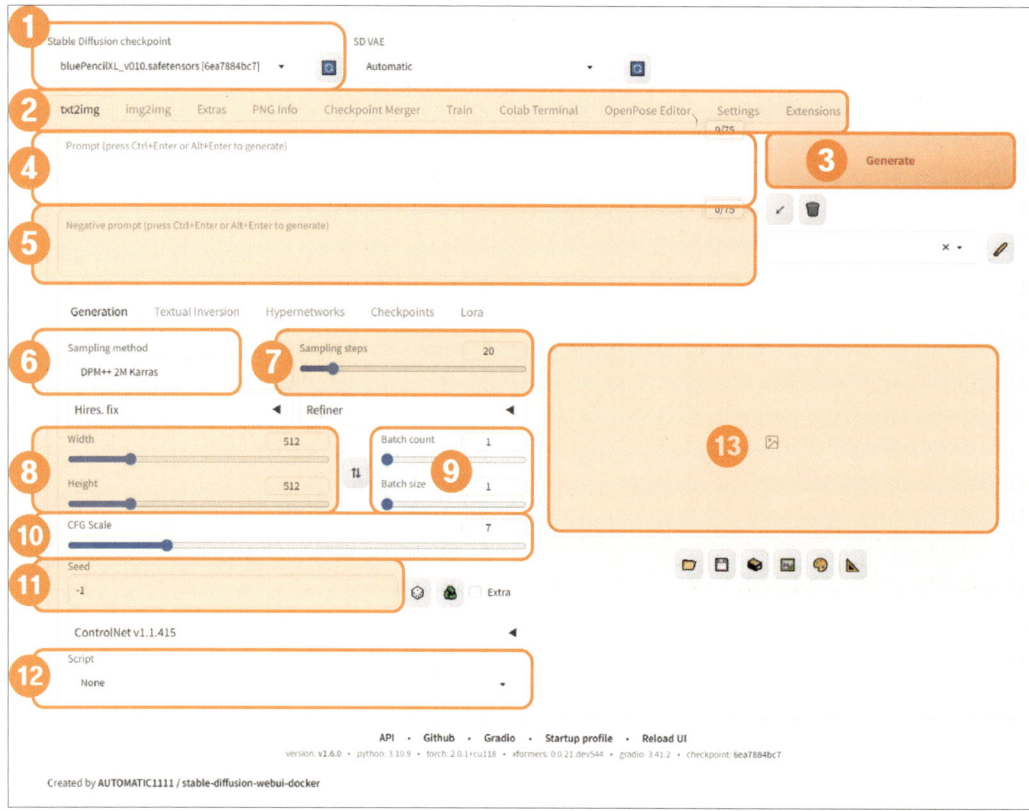

❶ **Checkpoint:** 그림 스타일이 학습돼 있는 모델을 선택할 수 있는 창입니다.

❷ **탭:** txt2img, img2img를 주로 사용합니다.

❸ **Generate:** 버튼을 클릭하면 이미지를 생성하기 시작합니다.

❹ **프롬프트:** 이미지가 입력한 문자에 근거해 생성됩니다. 생성형 이미지 인공지능 툴에서 가장 중요한 역할을 합니다. 프롬프트는 항상 여러 이미지를 생성해 보면서 테스트해 보세요. 어떤 아이디어가 떠오를지는 아무도 모르니까요.

```
Prompt (press Ctrl+Enter or Alt+Enter to generate)
```

❺ **부정 프롬프트:** 생성되면 안 되는 이미지들을 입력한 문자에 근거해 제어합니다.

```
Negative prompt (press Ctrl+Enter or Alt+Enter to generate)
```

❻ **Sampling method:** 샘플러를 사용해 노이즈를 제거하는 작업 과정 단계를 줄여 속도를 높이는 역할을 합니다. 뒤에 a가 붙은 샘플러는 무작위 이미지 생성률이 높아지고 a가 붙지 않은 샘플러는 좀 더 정교한 이미지를 생성할 수 있습니다. Euler a, Euler가 주로 사용되지만, 원하는 분위기와 작업 방식에 따라 선택을 달리할 수 있습니다.

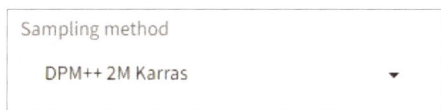

❼ **Sampling steps:** 몇 단계를 실행해 이미지를 생성할것인지를 정하는 부분입니다. 기본값은 20부터 최대 150까지 설정할 수 있습니다. 흐릿한 이미지가 보이면 늘립니다. 숫자가 적을수록 노이즈가 많고 샘플링 단계가 증가함에 따라 품질이 향상되지만, 단계 수를 늘이면 시간이 오래 걸립니다. 일반적으로 Euler 샘플러를 사용한 20단계는 고품질의 선명한 이미지에 도달하기에 충분합니다. 더 높은 값으로 넘어갈 때 이미지가 여전히 미묘하게 변하지만 반드시 더 높은 품질이 되는 것은 아닙니다(권장 사항: 20단계. 품질이 낮을 것 같으면 더 높게 조정합니다).

❽ **Width와 Height:** 이미지의 폭을 조절합니다. 기본은 512×512로 설정돼 있습니다. 이 값을 크게 하면 이미지의 퀄리티는 좋아지지만, 시간이 많이 걸리므로 생성한 후 마음에 드는 이미지를 선택해 업스케일하는 방법을 주로 사용합니다. 스테이블 디퓨전은 512×512 이미지로 훈련되기 때문에 세로 또는 가로 크기로 설정하면 예기치 않은 문제가 발생할 수 있습니다. 되도록 항상 정사각형을 유지하는 것이 좋습니다(권장 사항: 이미지의 크기를 512×512로 설정합니다).

❾ **Batch count, size:** 배치 카운트(Batch count)는 한 번에 생성되는 이미지 수로, 1부터 설정할 수는 있지만 한 번에 원하는 이미지를 판단하기 어려우므로 여러 장을 생성하도록 설정한 후 생성해 보면서 원하는 이미지에 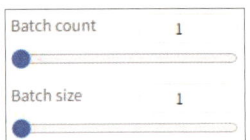 가까운 결과가 나온 후에 숫자를 늘여 이미지를 생성한 후 가장 근접한 이미지를 선택하는 것이 타율이 높아집니다(프롬프트를 변경할 때마다 2~4개의 이미지를 생성해 검색 속도를 높일 수 있습니다. 그리고 세부적인 변경을 할 때마다 4개의 이미지를 생성해 최대한 사용할 수 있는 이미지를 찾아내는 것이 중요합니다). 처음부터 많은 이미지를 만들면 생성 속도가 무척 느려질 수 있으므로 처음에는 적당한 수의 이미지를 생성하는 것이 좋습니다.

배치 사이즈(Batch size)는 이미지를 동시에 생성하는 옵션입니다. VRAM 사용량이 늘어나게 되므로 사이즈(size)를 늘이는 것보다는 카운트(count)를 늘리는 것이 좋습니다.

❿ **CFG Scale[14] :** 클래시파이어 프리 가이던스 스케일(Classifier Free Guidance scale)은 모델이 프롬프트를 어느 정도 존중해야 하는지를 제어하기 위한 매개변수입니다. 값이 클수록 비슷하게 고정된 이미지들이 생성되고 값이 적으면 랜덤 이미지가 생성됩니다. 기본값은 7이며 예상되는 이미지를 원할 경우 10 이상으로 설정하면 깔끔한 결괏값을 얻을 수 있습니다.

    1 – 대부분의 프롬프트를 무시합니다.
    3 – 더 창의적이 됩니다.
    7 – 신속성을 따르는 것과 자유를 지키는 것 사이의 균형이 좋습니다.
    15 – 메시지를 더 표시합니다.
    30 – 안내 메시지를 철저히 따릅니다.

⓫ **Seed:** 기본값은 –1이고 랜덤 값을 정해 주는 옵션입니다. –1로 설정하는 것은 매번 임의의 이미지를 사용하는 것을 의미합니다. 새로운 이미지를 생성하고 싶을 때 유용합니다. 랜덤 시드는 초기화 노이즈 패턴과 최종 이미지를 결정합니다. 프롬프트, 설정, 시드 값이 같으면 똑같은 이미지가 나옵니다. 고정하면 뉴제너레이션(new generation)에서 동일한 이미지가 생성됩니다. [재활용]버튼을 누르면 바로 앞에서 생성된 이미지의 시드 값이 입력돼 같은 구도에서 프롬프트만 변경할 때 사용합니다.

⓬ **Script:** 여러 가지 조합해 보고 싶을 때 사용하는 옵션이지만, VRAM 사용량이 늘어나 속도가 많이 느려집니다.

---

[14] https://stable-diffusion-art.com/know-these-important-parameters-for-stunning-ai-images/#CFG_Scale

4. 스테이블 디퓨전으로 할 수 있는 것

❶ 텍스트에서 이미지 생성하기

스테이블 디퓨전(Stable Diffusion)의 가장 기본적인 용도는 text-to-image(txt2img)입니다. 이미지를 설명하는 프롬프트를 영어로 표시해야 합니다(예 빈티지 카페에 앉아있는 소년(a boy sitting in a vintage cafe), 독서(reading book), 빈티지 느낌(vintage feeling), 따뜻한 햇살(warm sunshine)).

스테이블 디퓨전은 이 프롬프트를 다음과 같은 이미지로 생성합니다.

Check point: samaritan3dCartoon_v40SDXL.safetensors

바닷가에 서 있는 여성이라는 단순한 프롬프트로 이미지를 한번 만들어 보겠습니다.

> a woman standing by the sea (check point : bluePencilXL_v010.safetensors)

위의 프롬프트는 다음과 같은 이미지를 제공합니다.

이렇게나 차분한 이미지를 만들고 싶지 않을 수도 있지만, 이것은 엄밀히 말하면 입력한 요구 사항과 일치합니다. 스테이블 디퓨전을 탓할 수 없는 부분입니다. 그래서 더 많은 요구 조건을 구체적으로 써 주어야 합니다.

> ✨ a Young beautiful woman standing by the sea, steeped in sentiment, in a casual clothes, tour, Selfie, full body photo

이 정도 프롬프트 추가로 보이는 이미지 차이를 비교해 보세요. 따라서 프롬프트 개발에 노력을 더해야 합니다.

❷ **이미지 투 이미지(img2img):이미지를 통해 다른 이미지 생성하기**

이미지 투 이미지(img2img)는 스테이블 디퓨전을 이용해 하나의 이미지를 다른 이미지로 변환할 수도 있습니다. 다음은 제가 그린 덩어리 그림을 이미지로 변환한 예입니다(좀 더 디테일한 이미지를 생성하기 위해 추가 프롬프트를 작성해 넣었습니다).

Pixel Art, a very cute princess standing front of Palace, Ultra Realistic Details, Detailed Skin, Realism, Photorealistic, hyperrealistic, Sharp Focus

✨ **City buildings and pink women's history at the end of the century,** Ultra Realistic Details, Detailed Skin, Realism, Photorealistic, hyperrealistic, Sharp Focus

지금까지 스테이블 디퓨전은 어떤 툴인지, 어떤 이미지들을 만들 수 있는지에 대한 간략한 소개를 했습니다. 어떤가요? 빨리 이것저것 만져 보고 싶지 않나요? 바로 다음 장부터 여러 가지 이미지를 만드는 과정을 알려드리겠습니다.

자, 따라오세요.

Chapter 4 프롬프트를 적용해 이미지 생성하기[15]

프롬프트는 '명령어'를 지칭하는데, 우리가 인공지능을 사용하려면 모델을 구축할 때 학습된 데이터의 언어를 파악하는 것이라고 생각하면 됩니다. 지금까지 구축된 대부분의 인공지능은 영어로 학습된 모델이 많기 때문에 영어로 입력했을 때 가장 원하는 결과물을 얻게 됩니다.

따라서 좋은 프롬프트를 만드는 방법을 습득하는 것이 좋습니다.

프롬프트의 기본은 스타일을 정의하기 위한 강력한 키워드를 포함해 주제를 최대한 자세히 설명하는 것입니다.

좋은 프롬프트를 만드는 규칙

좋은 프롬프트를 만드는 데는 두 가지 규칙이 있습니다.

❶ 상세하고 구체적이어야 합니다.
❷ 강력한 키워드를 사용해야 합니다.

인공지능이 아무리 비약적으로 발전했더라도 사람의 마음까지 읽을 수는 없습니다. 따라서 머릿속에 있는 이미지를 되도록 자세히 묘사해야 합니다. "그 거 있잖아~" 화법을 기억하세요. 누군가에게 상황을 설명하고 싶은데, 확실하게 떠오르지 않는 단어를 설명하기 위해 머릿속에 떠오르는 정보들을 구체적으로 '이런 거 저런 거'를 장황하게 설명하는 그 화법을요. 그게 바로 프롬프트로 가는 지름길입니다.

---

[15] 본문에서 각 프롬프트를 미드저니, 니지저니, 스테이블 디퓨전을 비교해볼 수 있도록 정리하였으니 참고하세요.

> ✦ 여기에서 확실한 단어 = 강력한 키워드(Core, Punk, Fusion 등의 단어로 축약되기도 합니다.)
> 이런 거, 저런 거 = 상세하고 구체적인

> **강력한 키워드 사용**
> 어떤 키워드들은 다른 키워드들보다 더 강력합니다.
> ✦ 연예인 이름 (예 IU)
> ✦ 예술가 이름 (예 반 고흐)
> ✦ 미술매체 (예 illustration, painting, photograph)

예를 들면 위와 같이 아티스트 이름이나 유명 캐릭터(연예인 포함)의 타이틀을 포함하는 것은 추천하지 않습니다. 저작권에 관련해 그들의 이미지가 학습돼도 괜찮은지에 대한 허락은 확인할 수 없기 때문에 학습용으로만 사용하기를 권장합니다.

챗GPT를 활용해 프롬프트를 작성할 수도 있습니다.

로라와 체크포인트만으로도 이미지는 생성할 수 있지만, 의도하는 이미지를 얻으려면 제대로 된 프롬프트가 필요합니다. 프롬프트가 없다는 것은 좋은 시나리오와 마스크가 좋은 캐스팅은 준비돼 있는데, 이를 제대로 연출할 감독과 연기를 할 수 있는 연기자가 없는 것과 다름 없습니다. 프롬프트=정보를 담은 명령어, 즉 지시어로 섬세한 연출을 위해 꼭 필요한 요소입니다.

프롬프트를 생성할 때의 유의점

이 책에서는 각 프로그램이 제안하는 프롬프트를 모아 제안하는 한편, 핵심 용어를 제안하려고 노력했습니다. 각 프롬프트를 적용하는 것은 프로그램이 버전업될 때마다 조금씩 변합니다. 하지만 기본 용어들은 변함이 없다는 것에 착안해 정리했습니다. 조금씩 응용해 프롬프트에 적용하면 도움이 될 것입니다. 전공과 관련해 많은 부분을 공부하고 연구한 작가라면 좀 더 유연하게 사용할 수 있으리라 생각됩니다.

1. 깔끔, 담백한 지시어를 사용하자

좋은 상사는 필요한 업무만 깔끔하게 지시합니다. 뭘 해야 할지 정리가 안 된 상태에서 지시하려면 부연 설명이 길어질 수밖에 없습니다. 인공지능은 똑똑한 비서지만, 전달받은 정보에 충실한, 그야말로 MZ 세대의 끝판왕 비서가 아닌가 싶습니다. 생각과 의도를 정확하게 정리해 지시를 하는 것이 중요합니다.

2. 전문 용어를 사용하자

글쓰기 못지않게 해당 업무에 대한 전문적인 지식도 중요합니다. 실제 그림을 그리기 위해 어떤 기법과 연출, 터치와 재료가 쓰이는지 등을 알아야 헤매지 않고 바로 지시할 수도 있습니다. 그렇기 때문에 아무리 인공지능 툴이 좋다 하더라도 이런 전문적인 지식 바탕이 다져져 있지 않다면 결코 원하는 바대로 결과물을 만들어 낼 수 없을 것입니다.

인공지능을 사용하는 영역은 한계가 없습니다. 데이터를 구축하기 위해 사용된 데이터들도 방대합니다. 그렇기 때문에 '인공지능을 사용하기 위한' 특정한 프롬프트 학습은 목적에 따라 다를 수밖에 없습니다. 만화/웹툰을 제작하기 위해 인공지능을 활용하겠다면 예전보다 관련 전문 용어에 가까이 다가가야 할 것입니다.

> **분야별 추천 서적**
> - 글 콘티: 스토리 작법
> - 그림 콘티: 사진, 영화 연출, 스토리보드 작법서, 미술사 서적
> - 캐릭터 설정: 패션 도감(의상 용어 등), 심리학 서적

3. 한국어를 영어처럼 사용하자

한글은 복잡하고 함축적인 단어가 많습니다. 그리고 직관적이기보다 형용어로 이뤄지는 경우도 많습니다. 이미지 생성 기반의 인공지능을 사용하려면 직관적인 영어 단어로 풀어 작성해야 합니다. 단어를 어떻게 풀어 쓰면 좋을지 떠오르지 않으면 해당 단어를 사전에서 찾아보기를 권장합니다. 한글 → 사전을 찾아 풀어쓴 문장 확인 → 영어 단어로 변형 – 프롬프트 적용으로 접근하면 의외로 좋은 프롬프트를 작성할 수 있습니다.

초보자에게는 강력한 키워드와 기대되는 효과를 배우는 것이 필수적입니다. 이는 새로운

언어를 위한 어휘를 배우는 것과 같습니다. 그래서 막연하게 느껴질 수 있습니다. 프롬프트 생성기를 사용하는 것은 단계별 과정과 중요한 키워드를 배울 수 있는 좋은 방법이 될 수 있습니다. 기존 프롬프트를 재사용하면서 배울 수도 있습니다. 플레이그라운드(PlaygroundAI)[16] 등의 이미지 수집 사이트에서 마음에 드는 이미지를 선택한 후 프롬프트를 참고할 수 있습니다. 마음에 드는 이미지를 선택하고 프롬프트를 리믹스를 해 볼 수도 있습니다. 참고에 의지해 이미지를 생성할 경우, 멋있는 이미지를 만들어 내도 어떻게 만들었는지를 이해하지 못할 수도 있으므로 원하는 이미지를 만들고 싶을 때마다 비슷한 이미지를 스스로 찾아 내는 연습도 필요합니다. 이러한 요소를 조합하고 변형해 나가는 과정에서 특정한 시각적 스타일과 분위기를 가진 그림이나 사진 작품을 만들어 낼 수 있습니다. 이는 작품이 특정한 감정을 전달하거나 이야기를 풍부하게 하는 데 중요한 역할을 하며 시각 예술에서의 다양성과 창의성을 증진시킵니다.

업데이트될 때마다 적용되는 프롬프트의 양이 달라질 수도 있고 너무 많은 정보를 입력하면 의도와 다른 결과물이 도출되는 경우가 많습니다. 따라서 되도록 적은 프롬프트로 적용될할 수 있는 요령이 생기면 작업을 하는 데 많은 도움이 될 수 있습니다.

우리가 필요로 하는 그림 연출 관련 프롬프트를 정리해 보겠습니다.

좋은 프롬프트의 해부

다음 프롬프트를 필요에 따라 가감하면서 적용하면 비교적 쉽게 원하는 연출을 할 수 있습니다. 만화나 애니메이션 스타일로 지정하고 싶을 때는 일반적으로 다음과 같은 워딩을 사용합니다.

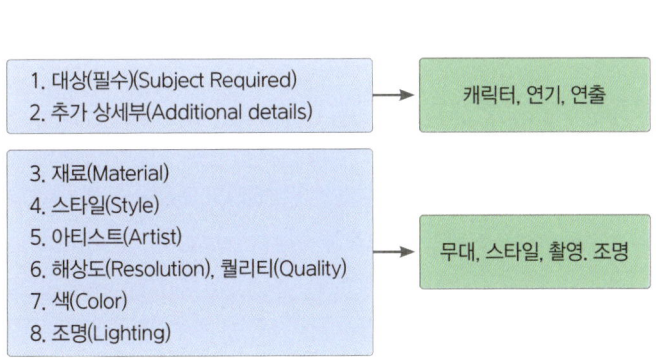

Cartoons, Anime, Comics, Kawaii, Manhwa, Animecore, UwU, Marvel Comics, Manga

---

[16] https://playgroundai.com/

1. 대상

주제(Subject): 인물(person), 동물(animal), 캐릭터(character), 장소(location), 객체(object) 등 작품의 주된 대상이나 주제가 반드시 들어가야 합니다. a girl, flowers, a doll, New York city 등이 이에 해당합니다.

2. 추가 상세부

주제에 디테일을 추가합니다. 의상이나 표정, 기분, 동작, 환경, 구성, 화각, 구도, 형용사 등을 설정해 주면 좀 더 의도에 맞는 이미지를 생성할 수 있습니다. rococo dress, happy, run, hot 등이 이에 해당합니다.

❶ 환경(Environment):

실내(indoors), 실외(outdoors), 달 위(on the moon), 나니아(in Narnia), 수중(underwater), 에메랄드 시티(the Emerald City) 등 작품이 위치하는 환경

❷ 기분(Mood):

차분한(Sedate), 평온한(calm), 시끄러운(raucous), 활기찬(energetic) 등 작품이 전달하려는 기분 또는 분위기

❸ 구성(Composition):

초상(Portrait), 헤드샷(headshot), 클로즈업(closeup), 조류의 시야(birds-eye view) 등 작품의 구성 방식

❹ 화각(Camera Angle): 1인칭 시점 POV

high, (eye, low) level 고각, 정면 저각, high, (normal, low) angle 항공 샷 bird's eye view 바닥 샷 worm's eye view 클로즈업 (extreme) close up, midium shot 중간 샷, full shot 전체 샷, wide shot, (extreme) long shot

❺ 구도(Framing)

어깨너머 샷(over the shoulder), 삼각 구도(triangle composition), 더치 앵글(dutch angle), 원근법(perspective) 등 작품의 구도 및 프레이밍 방식

시대와 분위기를 조성할 수 있는 건축과 배경에 관련된 용어

Cityscape, Architecture, Balinese Architecture, Structure, Structural, Scaffolding, Manufactured, Makeshift, Bronzepunk, Steelpunk, Clockpunk, Steampunk, Dieselpunk, Gadgetpunk, Funhouse, Toyland, Carnival, Salvagepunk, Silkpunk, Sandalpunk, Swordpunk, Cassettepunk, Formicapunk, Brutalism, Sphinx, Ziggurat, Industrial Design, Googie, Pillar, Shack, Property, Company, House, Multiplex, Castle, Mansion, Kingdom, Playground, Poolcore, Labcore, Nuclear, Machine, Submachine, Machinescape, Robotic, Cyborgism, Autonomous, Legopunk, Legogearpunk, Tinkercore, Craftcore, Stimwave, Barbiecore, Wormcore, Dollcore, Sanriocore, Palewave, Normcore, Dollpunk

건축 내부와 외부

Apartment, Living Room, Lounge, Front Room, Dining Room, Kitchen, Bathroom, Guest Room, Passageway, Greenhouse, Atrium, Conservatory, Sun-Room, Library, Home-Office, Crawlspace, Cellar, Wine-Cellar, Underground, Storage Room, Closet, Laundry Room, Utility Room, Mud-Room, Shed, Balcony, Home Theater, Gym Room, Prayer Room

계절과 날씨

Spring, Summer, Autumn, Winter, Weathercore, Overcast, Breeze, Wind, Moonbow, Fogbow, Rain, Downpour, Sleet, Snow, Hail, Lightning, Lightning Bolt, Lightningwave, Thunderbolt, Hurricane, Tornado, Microburst, Storm, Stormy, Sandstorm, Heat, Heatwave, Eruption, Tsunami, Flood, Flooded, Frozen-in-Time Photograph

현실과 비현실의 시간에 관련된 용어

Realistic, Hyperrealistic, Hyper Real, Photorealistic, Photorealism, Realism, (Magic, Fantastic, Classical, New, Contemporary) Realism, Surreal, Surrealism, Unrealistic, Non-Fiction, Fiction, Science Fiction, Imagined, Imaginative, Imagination, Dreamlike, Dreamy, Fever-Dream, Worldly, From Another Realm, Otherworldly, Unworldly, Wonderland, Lucid, Ethereal, Ethereality, Anemoiacore, Déjà vu, Abstract, Abstraction, Lyrical Abstraction, Fantasy, (Ethereal, Dark) Fantasy, Fantasy Map, Illusion, Impossible, Nonsense, Immaterial, Intangible, Visual (Rhetoric, Exaggeration), Exaggerated, Exaggeration, Retro, Retrowave, Nostalgia, Vintage, Antique, Rollerwave, Rustic, re-Historic, Historic, Jurassic, Ice Age, Wild West, Modern, Modernismo, Futuristic, Futurism, Retro-Futurism, Cassette Futurism, Afrofuturist, Sci-fi, Alchemy, Terrestrial, Extraterrestrial, Alien, Invaded, Invasion, Aurora, Aurorae, Weirdcore Aurora, Magic, Magical, Spell, Mystic, Mystical, Psychic, Metaphysical, UFO, Lightsaber, Fairy Folk, Supernatural, Magewave, Eye of Providence, Illuminati

3. 재료

> **매체(Medium):** photo, painting, illustration, sculpture, doodle, tapestry, etc.

사진, 그림, 일러스트레이션, 조각, 낙서, 태피스트리 등 작품을 표현하는 방식을 말합니다.

다음은 스토리의 설정과 분위기를 표현할 수 있는 장소와 시간, 분위기를 표현하는데 도움을 주는 프롬프트입니다.

❶ Pencil Sketch(연필 스케치)

섬세하고 미묘한 선으로 형태와 그림자를 묘사합니다. 세밀한 디테일과 부드러운 톤 전환을 제공합니다.

❷ Stippling with Pencil(연필로 점 찍기)

작은 점을 사용해 이미지를 구성합니다. 섬세한 질감과 그러데이션 효과를 만듭니다.

❸ Ink Wash Painting(수묵화)

물과 잉크의 혼합을 통해 다양한 명암과 질감을 표현합니다. 유동적이고 자유로운 스타일을 나타냅니다.

❹ Watercolor(수채화)

투명하고 가벼운 색상으로 부드러운 효과를 만듭니다. 색채의 흐름과 자연스러운 물감의 결을 표현합니다.

❺ Colored Pencil Drawing(색연필 그림)

밝고 선명한 색상으로 디테일을 묘사합니다. 다양한 색채와 질감을 표현할 수 있습니다.

❻ Oil Painting on Canvas(캔버스에 기름 물감)

풍부한 색감과 깊이 있는 질감을 제공합니다. 건조 시간이 길기 때문에 작품을 쉽게 수정할 수 있습니다.

❼ Drawn with a Marker Pen(마커펜으로 그림)

선명하고 대담한 색상과 선을 제공합니다. 그래픽적이고 현대적인 스타일을 표현합니다.

❽ Scratch Art, Scratchboard(스크래치 아트)

검은색 표면을 긁어내 밝은 색의 하부층을 드러냅니다. 대비가 뚜렷하고 드라마틱한 이미지를 만듭니다.

❾ Layered Paper(층층이 쌓은 종이)

종이층을 통해 입체감과 깊이를 만듭니다. 독특한 입체적 효과와 질감을 제공합니다.

❿ 3D Modeling(3D 모델링)

컴퓨터 기술을 사용해 입체적이고 현실적인 이미지를 생성합니다. 복잡한 형태를 디테일하게 표현할 수 있습니다.

디지털 그래픽의 한 형태로, 픽셀이나 벡터 기반의 이미지를 만듭니다. 선명하고 깔끔한 디지털 이미지를 제공합니다.

⓫ Illustrated(일러스트레이션)

이야기나 개념을 시각적으로 전달하기 위해 그려진 이미지로, 창의적이고 상상력이 풍부한 표현을 가능하게 합니다.

⓬ Sticker(스티커)

재미있고 특색 있는 작은 이미지나 패턴으로, 특정 메시지나 테마를 간결하게 전달합니다.

⓭ 2D Animation(2D 애니메이션)

애니메이션 스타일의 그림을 생성합니다.

⓮ Instruction Manual(설명서)

복잡한 정보나 지침을 간단하고 명확하게 전달하는 이미지로, 이해하기 쉽고 접근하기 쉬운 정보 제공에 중점을 둡니다.

⑮ Patent Drawing(특허 도면)

발명품이나 디자인의 기술적인 세부 사항을 정확하게 표현합니다. 세밀하고 정확한 기술적 묘사를 제공합니다.

⑯ Blueprint(청사진)

건축이나 공학적 구조의 상세한 계획을 나타내는 도면. 정밀하고 체계적인 설계 정보를 제공합니다.

그 밖의 그림 기법에 따른 용어입니다.

Sketch, Drawing, Doodle, Hand-Drawn, Hand-Written, Children's Drawing, Masterpiece, Dot Art, Pointillism, Stipple, Line Art, Crosshatch, Etch-A-Sketch Drawing, Figure Drawing, Caricature, Storyboard, (Storybook, Whimsical, Archaeological) Illustration, Illustrated-Booklet, Assembly (Anatomical) Drawing, Visual (Graphic) Novel, Illuminated Manuscript, Cartographic

페인팅 기법에 따른 용어입니다.

Canvas Hard, (Oil, Tempera, Watercolor, Gouache, Fresco, Easel, Edge, Acrylic, Casein, Wet, Detailed, Faux, Color Field, Scroll, Matte, Encaustic, Chinese, Romanesque, Gond, Ancient Roman, Tibetan, Japanese, Warli , Caravaggio, Madhubani, Kalamkari, Sand, Action, Panel, Plein-Air, Miniature, Phad) Painting, Artwork, Cave Art, Easter Egg, Hydro-Dipping, Paper-Marbling, Mural, Rock Art, Egg Decorating, Hydrodipped, Street Art, Sandpainting, Speedpainting, Still Life, Still-Life, (Fine, Modern) Art, Brushwork, Paintwork, Impasto, Fayum Portraittrait

연필과 흑연, 크레용, 분필, 파스텔

Pencil Art, (Colored, Grease) Pencil, Graphite, Charcoal Art, Crayon Chalk, lackboard, Pastel Art, Chalkboard, Conte

잉크

Ink, (Conductive, Flexographic, India, Iron Gall) Ink, (Fountain, Ballpoint, Gel, Grease) Pen, Calligraphy, (Fountain Pen, Marker) Art, Dry-Erase Marker, Viscosity Print, Wet-Erase Marker, Whiteboard

페인트 유형

Watercolor, Paint, (Acrylic, Wet, Oil, Tempera, Gouache, Dripping, Splatter, Spray, Glass, Blacklight, Casein, Coffee, Powder, Puffy) Paint, Graffiti, Stencil Graffiti, Graffiti Tag, 1980s Airbrush Art, Spray, Airbrush

컬러 기반 디자인

Color, Hue, Gradient, Spectrum, Pure, Faded Colors, Autochrome, Colorized, Tone, Color Wheel, Value, Vibrance, Pigment, Vivid, Variegated, Purity, Faded, EnChroma (Chromatic, Warm Color, Color, Cool Color) Palettes, Colorful, Vibrant, Chroma, Saturated, Neon, (Complimentary, Analogous, Supplementary, Triadic, Split-Complementary, Tetradic) —Colors, (Electric, Tonal, Inverted, Spectral) Colors, Light, Dark Mode, Light, Dark, Tones of Black, Multicolored, Rainbow, Dichromatism, High Saturation, Tones of Black in Background, Light Blue Foreground, Tetrachromacy, Low Saturation, Light Blue Background

출력 유형에 따른 결과물

Print, Printed, (3D, Inkjet , Laser, Photographic, Transfer) Printed Edge-To-Edge, Photolith Film, Logo, (Concept, Album) Art, Cover-Art, Newspaper, Newsprint, Risograph, Lithography, Flexography, Monotype, Blueprint, Whiteprint, Sticker, Watermark, Barcode, QR Code

카드 종류와 스탬프

Stamp, Pokemon (Pokémon) Card, Postage Stamp, Business Card, Tarot Card

책과 포스터

Magazine, Pop-up Book, Booklet, Poster, Comic Book, Kids Book, Instruction Manual, (Movie, Concert) Poster, Underground Comix, IKEA Guide

그 밖의 결과물

Arts and Crafts, Resin, Enamel Pin, Beadwork, Beads and String, Beads and Yarn, Tie-Dye, Confetti, Sticker Bomb, Tattoo, Papier-Colle, Assemblage, (Featherwork, Latte, Smoke, Site-Specific, Public, Installation, Land) Art, Coffee Stain, Hedge Trimming, Ironwork, Carpentry, Diorama, Hatmaking

텍스트

Hypergraphy, Asemic Writing, Text, Letters, Written Words, Typeface, Written Letters, Written Words "Hello", Words, Words "Hello", Font, Written Letters "Hello", Lexemes, Says, Says 'Hello', Lexemes "Hello", Says Hello, Caption, Graphemes, Says "Hello", Caption "Hello"

분위기 기반의 테마 등을 표현하는 프롬프트

Dark Aesthetic, Gourmet, Archetype, Airborne, Microcosm, Macrocosm, Academia, Miniature World, Infinitywave, Infinitypunk, MLG, Materialisimo

4. 스타일

① pixiv

일본 애니메이션 스타일을 나타내는 플랫폼입니다. 이 스타일의 특징은 독특한 캐릭터 디자인과 생동감 넘치는 색상 사용이며 일본 만화와 애니메이션에서 영감을 받은 작품이 많습니다.

② pixabay

상업적인 스톡 사진 스타일을 나타내는 온라인 플랫폼입니다. 이곳의 이미지는 상업적 용도로 사용될 수 있으며 고품질의 사진과 일러스트레이션을 포함합니다.

③ artstation

현대적인 일러스트레이션과 판타지 스타일의 작품을 주로 다루는 플랫폼입니다. 이곳은 프로페셔널 아티스트들의 작품을 전시하는 곳으로, 혁신적이고 창의적인 디자인과 높은 수준의 예술적 기술이 특징입니다.

④ Concept Art

개념 예술(Concept Art)은 특정 아이디어나 비전을 시각화하는 과정을 말하며 창의적이고 혁신적인 디자인을 개발하는 데 중요합니다. 일러스트레이션 스타일, 주로 2D 형식으로, 새로운 캐릭터, 환경, 물체 등을 시각화하는 데 사용됩니다. 창의적이고 상상력이 풍부한 이미지를 만듭니다. 이는 예술적 표현의 폭을 넓히고 새롭고 독창적인 작품을 만드는 데 기여할 수 있습니다.

⑤ Portrait

매우 사실적인 그림 스타일로, 특히 인물 그림에 적합합니다. 세밀하고 정교한 디테일로 인물의 특징을 잘 살립니다.

⑥ Digital painting

디지털 아트 스타일로, 컴퓨터나 태블릿을 사용해 그림을 그린 것처럼 다양한 색상과 텍스처를 표현할 수 있습니다.

❼ Ultra realistic illustration

매우 사실적인 그림 스타일로, 인물 그림에 특히 적합합니다. 실제 사진과 흡사한 수준의 디테일과 사실감을 제공합니다.

❽ Underwater portrait

물속에서의 인물을 묘사하는 스타일입니다. 수중의 분위기, 머리카락이 물에 둥둥 떠다니는 모습 등을 표현합니다.

❾ Underwater steampunk

스팀펑크 스타일을 수중 환경에 접목한 아트 스타일입니다. 이는 공상 과학적 요소와 수중 세계의 특징을 결합해 독특한 시각적 경험을 제공합니다.

❿ pop-art

대중문화에서 영감을 받은 생동감 있는 색상과 대담한 디자인을 특징으로 합니다. 현대적이고 트렌디한 느낌을 줍니다.

⓫ Modernist

선명한 색상과 높은 대비를 사용합니다. 단순하면서도 강렬한 시각적 표현이 특징입니다.

⓬ art nouveau

오너먼트와 세부 사항을 추가해 아르누보 스타일을 창조합니다. 유려한 선과 자연에서 영감을 받은 모티프가 특징적이며 건축물에도 적용됩니다.

⓭ pin-up girl

주로 여성의 이상적인 아름다움, 매력을 보여 주는 그림이나 연출된 사진을 지칭합니다. 시초는 1890년대에 유행한 미국 화가 찰스 다너 깁슨(Charles Dana Gibson, 1867~1944)의 〈깁슨 걸(Gibson girl)〉입니다.

pin-up girl

midjourney에서 생성된 이미지(두 번째 이미지는 뒷부분에 irritating 등의 프롬프트를 추가한 것입니다.)

아트스타일에 따른 용어

Pop-Art, Lo-fi, Biomorphic, Bauhaus Style, Transautomatism, Suprematism, Warhol, Hi-fi, Ornamental, Modernism, Fauvism, High Fidelity, Composition, Cloisonnism, Vorticism, Orphism, Eccentrism, Rayonism, Spectralism, Luminism, Muralism, Spatialism, Diptych, Precisionism, Regionalism, Classical, Classicism, Academicism, Miserablism, Synchronism, Romanticism, Constructivist, Constructivism, Baroque, Pictorialism, Rococo, Positivism, Gothic, Tubism, Naturalism, Idyllic, Vedute, Verism, Divisionism, Nuagisme, Sumatraism, Synthetism, Tonalism, Anachronism, Barbouillage, Orientalism, Symbolism, Lettrism, Biedermeier, Idealism, Impressionism, Art Deco, Award Winning Art, Folk Art, Renaissance, Lowbrow, Dada, Medievalism, Fourier Art, Multidimensional Art, Purism, Post-Impressionism, Art Nouveau, Epic Composition, Postcolonial Art, Harlem-Renaissance, Figurativism, Dadaism, New Medievalism, Temporary Art, Nebulous Art, Intimism, Dau al Set, Nouveau Realisme, Drop Art, Neo-Dadaism, Vienna Secession, Op Art, Mozarabic Art, Anti, Compound Design, Tactile Design, Tachisme, Frasurbane Triptych, Silhouette, Incoherents, Store-Brand, Amate, Brocade, Escapism, Existentialism, Anti-Design, Grunge Revival, Memphis Style, Avant-Garde, Sfumato, Foreshortening, Topographic, Existential, Contemporary, Wuhtercuhler,

Ligne Claire, Lovecraftian, Design Stuckism, Memphis Design, Transavantgarde, Neue Sachlichkeit, Chiaroscuro, Booru, Kitsch, Costumbrismo, Bohemianism

음악 스타일에 따른 분위기

Musical (Notation), Musica, Groovy, Disco, Funky, Punk, Post-Punk, Folk Punk, Hip-Hop, Rave, Vaporwave, Synthwave, Chillwave, Hypnagogic Pop, Hyperpop, K-Pop, Tenwave, Bardcore, Breakcore, Cargopunk, (In The Style of) Shpongle

콘셉트

Conceptual, Number, Infused, Refreshing, Essence, Esoteric, Supersonic, Magnetic, Significant, Insanity, Void, Theme, Neural, Bleak, Barren, Eerie, Vast, Nothing, Something, Anything, Everything, Someone, Somebody, No-one, Nobody, Anyone, Anybody, Forms, Freaky-Forms, Unknown, Untitled, Example, Instance, Incarnation, Multifarious, Diverse, Feng Shui, Perfectionism, OCD, Knolling, Organized, Sorted, Neat, Tidy, Archive, Random, Technique, Array, Flexible, Upside-Down, Chiral, Chirality, Ambidextrous, Continuity, Manifestation, Indication, Representation, Embodiment, Quintessence, Apotheosis, Kinetic, Muted, Secretive, Secret, Ambiguous Image, Bayer Matrix, Beginning, Extended, Life, Purgatory, Mind, Egodeath, Paradox, Modified, Modification, Manipulation, Alterations, Miscellaneous, Experimental, Aspect, Physics, System, Sinusoid, Destructive, Displace, Convergence, Aspect Ratio, Summation, Obstructed, Accumulation, Resolution, Accumulated, Shifting, Breathing, Play, Playing, Playful, Wulfken, Nom, Derp, Derr, Nom-Nom, Hurr-Durr, Durrific

5. 작품과 아티스트

이 프롬프트는 특정 작품이나 작가의 스타일이 학습돼 있어 해당 프롬프트를 입력하면 아주 강력하게 닮은 이미지를 생성해낼 수 있습니다. 하지만 이는 권장하는 방법이 아닙니다. 영화 제목이나 작가의 이름은 스타일을 학습하는 데 참고만 하고 이미지를 공유하거나 수익을 얻고자 할 때는 저작권 문제에 주의해야 합니다. 아티스트, 특정 캐릭터, 브랜드의 이름을 프롬프트로 사용하는 것은 피하는 것이 좋습니다. 즉, 독창적이고 창의적으로 접근하는 것이 좋습니다. 만약, 특정한 스타일의 이미지를 생성하고자 한다면, 영화 제목이나 감독의 이름을 직접 사용하기보다는 해당 스타일이나 기법에 대해 직접 조사하고 색감, 구성, 텍스처 등의 특징을 참고해 독창적인 스타일을 개발하고 프롬프트에 그 내용을 밝히는 것을 권장드립니다. 구현하고자 하는 이미지에 관한 좀 더 전문적인 지식을 갖춰야 한다고 강조하는 이유는 바로 이 때문입니다(이 책은 학습 목적의 가이드이므로 일반적으로 공개된 정보는 공유합니다).

그림 콘셉트와 작가의 이름을 다음과 같이 믹스해 적용하면 해당 이미지들을 학습하는 데 도움이 될 것입니다.

> landscape by artist's name
> city by artist's name
> castle by artist's name
> dreamscape by artist's name
> building by artist's name
> town by artist's name

가로세로 비율을 변경하고 싶으면 --ar 3:4, 16:9를 추가하면 됩니다.

❶ 신카이 마코토

신카이 마코토(Shinkai Makoto) 감독 특유의 빛 효과가 두드러진 분위기를 만들 수 있습니다. 특히, 배경과 자연색 등에 영향을 미칩니다.

Shinkai Makoto, city, girl

미드저니(왼쪽)와 니지저니(오른쪽) 비교

❷ 미야자키 하야오(Miyazaki Hayao)

미야자키 하야오 감독의 아날로그 감성이 느껴지며 몽환적이고 환상적인 분위기를 만들 수 있습니다.

 Miyazaki Hayao, city, girl

미드저니(왼쪽)와 니지저니(오른쪽) 비교

❸ Stanley Artgerm Lau

여성 초상화에 잘 어울리며 19세기의 섬세한 의상과 인상주의적 요소를 포함합니다. 라우의 스타일은 세련되고 현대적인 감각을 반영합니다.

❹ Frida Kahlo

프리다 칼로의 초상화 스타일을 따르는 강렬한 효과를 제공합니다. 때때로 그녀의 작품에서 볼 수 있는 그림 테두리가 결과물에 포함될 수 있습니다.

❺ John Singer Sargent

매우 사실적인 그림 스타일로, 인물 그림에 적합합니다. 서전트의 작품은 뛰어난 사실주의와 섬세한 표현으로 유명합니다.

❻ John Collier

19세기 초상화 화가로, 그의 스타일은 우아함을 더해 줍니다. 콜리어는 세련되고 정교한 초상화로 유명합니다.

❼ Alphonse Mucha

여성 초상화에 적합하며 19세기 섬세한 의상과 인상주의적 요소를 반영합니다. 무하의 스타일은 아르누보와 세련된 여성상을 대표합니다.

6. 해상도, 퀄리티

본 챕터에서 소개되는 프롬프트는 스테이블 디퓨전에서 잘 사용이 되고 있지만, 미드저니 V6에서는 Best quality와 같이 애매한 프롬프트는 지양한다고 했습니다. 좀 더 작가의 해석이 담긴 구체적인 프롬프트를 제안하라고 가이드에 명시하고 있습니다.

❶ 선명한 초점(Sharp Focus)

이미지의 해상도를 높여, 더욱 선명하고 뚜렷한 이미지를 만듭니다. 이는 이미지의 디테일을 강조하고 더욱 집중적인 시각적 효과를 만듭니다.

❷ 자연스러운 원본 사진 활용(Raw Photo)

원본 사진을 사용하면 더욱 자연스러운 색감과 질감을 유지할 수 있습니다. 이는 사진의 진정성을 높이고 현실과의 밀접한 연결을 제공합니다.

❸ 초현실적인 세부 묘사

> Ultra Realistic Details, Detailed Skin, Realism, Photorealistic, hyperrealistic

디테일과 해상도를 증가시켜 매우 사실적인 이미지를 생성합니다. 실제와 구별하기 어려울 정도의 높은 사실감과 정밀한 디테일이 특징입니다. 이러한 세밀함은 작품이 실제 사물이나 인물을 마치 눈앞에 보는 것처럼 느끼게 하며 강한 실재감과 몰입감을 제공합니다.

❹ 8k

이미지의 해상도를 매우 높은 수준으로 증가시킵니다. 이는 이미지를 더욱 현실적이고 카메라 같은 품질로 만들지만, 해상도가 과도하게 높으면 이미지가 인위적으로 보일 수 있습니다.

❺ Masterpiece, Best Quality

이러한 키워드는 작품이 최고의 기술과 세심한 주의를 기울여 제작돼야 한다는 것을 강조합니다. 이는 작품의 전반적인 완성도와 가치를 높이고 관람자에게 깊은 인상을 남길 수 있습니다.

❻ unreal engine

3D 매우 사실적이고 세밀한 3D 이미지와 환경을 생성하는 데 사용하는 강력한 게임 및 시뮬레이션 엔진입니다. 현실과 거의 구별되지 않는 시각적 퀄리티를 제공합니다.

unreal engine, kpop girl

미드저니(왼쪽)와 니지저니(오른쪽) 비교

❼ vray

3D 렌더링에 최적화된 소프트웨어로, 특히 객체, 풍경, 건축물 등의 렌더링에 뛰어납니다. 현실적인 조명, 질감, 그림자 등을 통해 사실적인 이미지를 생성합니다.

위와 같이 화면에 잘 담기 위해서는 사진과 영화의 도구와 촬영 기법을 알아 두는 것이 좋습니다. 그 밖의 사진과 영화 연출을 위한 용어들은 다음과 같습니다.

Scene에 해당하는 용어
Photo, Photojournalism, Photograph, Photoshoot, (Award Winning, High-Speed, Underwater, Editorial, Paparazzi, Wildlife, War) Photography, (Establishing, Glamor) Shot, (Surveillance, Security, Dashcam-) Footage, (Video Frame, Motion) Capture, Stop-motion, Animation Frame, Claymation, Stop Motion, Gesture, Time-Lapse, Cinematic, National Geographic, CCTV, Filmic, Dramatic, Golden (Blue) Hour, Subject, Portrait, Closed composition, Nightography, Cinematic Haze, Profile, Pose, Color Grading, Surveillance, Action Scene, Bokeh, Film Grain, Satellite Imagery, Associated Press

카메라와 필름 타입에 해당하는 용어
Camcorder Effect, Drone Photography, Hyperspectral Imaging, Disposable Camera, Polaroid, DSLR, GoPro Video, (Night, Vista) Vision, UnregisteredHypercam2, Multispectral Imaging, Schlieren, PhotoEktachrome, Kodak Ektar, Nikon D750, Lomo, Tri-X 400 TX, Techniscope, Panavision, Cinerama, Daguerrotype, Tintype, Full Frame, Fujifilm Superia Instax, Kodak Gold 200 Kodak Portra, Provia, Pinhole Photography, Ilford HP5, Technirama, Velvia, CinemaScope, Photogram, Super-35, Super-Panavision-70, Kinopanorama, Ambrotype, Film-Negative, Cinemiracle, Calotype

렌즈 사이즈와 렌즈의 종류에 해당하는 용어
Lens Sizes
15mm Lens, 100mm Lens, 35mm Lens, 200mm Lens, 85mm Lens
Lenses
Macro, 100x (500x) Magnification, Microscopic, Telescope, Telephoto, Telescope Photography, Fisheye Lens, 200x (1000x) Magnification, Electron Microscope, Microscopy, Macro View, Telescopic, anorama, Ultra-Wide Angle, Wide Angle, Fisheye Lens Effect, Magnification, Super-Resolution, 360 Panorama, 360 Angle, Lens Distortion

카메라 촬영기법에 따른 용어
DOF, Depth (of Field), Pan, Tilt, Zoom, Dolly Zoom, Horizon Line, (Focal, Vantage, Vanishing) Point, Soft-Focus

원근 및 투영법 관련 용어
Perspective Projection, Panini Projection, Miniature Faking, Brenizer Method, Forced Perspective, Aerial Perspective, Isometric, Orthographic, Multiview Projection, Axonometric, Anamorphosis, (Axonometric Dimetric, Trimetric, Parallel, Oblique)

Projection, (Linear, Accelerated, One-Point, Two-Point, Three-Point, Curvilinear, Cylindrical, Reverse, Inverse, Inverted, Divergent) Perspective, (Cutaway View and) Cross-Sections, Cutaway, (Cutaway, Exploded)-View, (Cutaway, Exploded)-View Drawing

시점에 따른 용어

Product-View, High angle, Top-View, View From an Airplane, Satellite-View, Low angle, Worms-Eye View, Field of View, Closeup-View, Closeup, Extreme Closeup, Wide Shot, Centered-Shot, Selfie, First-Person, First-Person View, Third-Person, Third-Person, Side-View, Epic Wide Shot, Aerial View

반사 이미지를 표현하는 용어

(Lumen, Ray Tracing, Screen Space) Reflections, Diffraction Grading, Reflection in a Puddle, Water Reflection

7. 색

색상(Color): vibrant, muted, bright, monochromatic, colorful, black and white, pastel, etc.

생동감 있는, 억제된, 밝은, 단색, 다채로운, 흑백, 파스텔 등 색상의 특성을 지정해 줍니다.

사진 촬영 기법, 재료, 배경 효과 그리고 색상 효과에 관한 프롬프트입니다. 다음 예시에 제시된 단어 외에 색상과 관련된 다채로운 색상 용어를 적용하면 다양하고 독특한 이미지를 생성할 수 있습니다.

❶ **dramatic, low angle shot**

낮은 각도에서 촬영해, 주제를 더욱 강조하고 극적인 효과를 만드는 촬영 기법입니다. 주제를 강력하고 위압적으로 보이게 합니다.

❷ **expansive**

배경을 더 넓고 개방적으로 설정하고 주제를 상대적으로 작게 표현합니다. 이는 공간의 광대함과 주제의 위치를 강조하는 데 도움이 됩니다.

❸ psychedelic

선명하고 화려한 색상을 사용하고 왜곡 효과를 더하는 것으로, 초현실적이고 환상적인 이미지를 만듭니다. 창의적이고 실험적인 스타일을 나타냅니다.

❹ silk

옷에 실크 소재를 추가하는 것으로, 부드럽고 고급스러운 질감과 광택을 제공합니다. 섬세하고 우아한 느낌을 연출합니다.

❺ iridescent gold

금색이지만 빛에 따라 다양한 색상을 반사하는 반짝임을 가진 효과입니다. 고급스러움과 화려함을 표현하는 데 적합합니다.

iridescent gold, kpop girl, rococo dress

미드저니(왼쪽)와 니지저니(오른쪽) 비교

❻ Shiny Gold

광택이 나고 반짝이는 금색으로, 럭셔리하고 고급스러운 느낌을 줍니다.

❼ silver

은빛 색상으로, 현대적이고 세련된 느낌을 나타냅니다. 광택과 시원한 느낌을 제공합니다.

❽ vintage

고전적이고 오래된 느낌을 재현하는 효과입니다. 레트로 스타일과 과거의 감성을 연출하는 데 사용됩니다.

8. 조명

부드러운 빛(soft), 주변광(ambient), 흐림(overcast), 네온(neon), 스튜디오 조명(studio lights) 등 작품의 조명 스타일이 이에 속합니다.

❶ dramatic lighting

드라마틱한 조명은 작품에 강한 감정적 효과를 부여하며 주제의 분위기와 감정을 강조하는 데 도움이 됩니다. 이는 작품에 깊이와 입체감을 더하며 시각적으로 매력적인 결과를 만들어 냅니다.

dramatic lighting, kpop girl

미드저니(왼쪽)와 니지저니(오른쪽) 비교

❷ rim lighting

객체의 가장자리에 빛을 비춰 해당 객체를 배경에서 돋보이게 하는 조명 기법입니다. 이는 대상의 형태와 윤곽을 강조하며 드라마틱한 효과를 만듭니다.

❸ cinematic lighting

대비를 사용해 이미지에 시각적 깊이와 강조를 주는 일반적인 조명 방식입니다. 영화와 같은 감각적인 효과를 생성해 시각적으로 매력적인 분위기를 조성합니다.

❹ god rays, crepuscular rays

구름을 뚫고 나오는 햇빛을 묘사하는 효과로, 신비롭고 영적인 분위기를 만듭니다. 자연의 아름다움과 웅장함을 강조합니다. Crepuscular Rays 광선들은 마치 빛의 줄기처럼 보여 자연의 경이로움과 신비로운 분위기를 연출합니다.

crepuscular rays, kpop girl

미드저니(왼쪽)와 니지저니(오른쪽) 비교

❺ halo

해나 달 주위에 나타나는 무리를 뜻합니다. 성상(聖像)의 머리 둘레에 그려진 후광(後光)이나 광배(光背)로 신비로움이나 성스러운 조명을 생성할 수 있습니다.

(best quality, masterpiece, colorful, dynamic angle, highest detailed)upper body photo, full body photo, fashion photography of cute mechangel, glowing 4 wings, solo, glowing armor, glowing halo, building, glowing mechanical 4 wings (intricate details, hyperdetailed:1.15), detailed, light passing through hair, (official art, extreme detailed, highest detailed)
Sampling method : DPM++ 2M KarrasSampling steps : 28

체크포인트별 이미지 비교⟨darkSushiMixMix_225D.safetensors(왼쪽)와 bluePencilXL_v010.safetensors(오른쪽)⟩

다음은 그 밖의 빛과 광선에 따른 표현입니다.

Spotlight, Floodlight, Frontlight, Halfrear Lighting, Backlight, Rim Lights(Lighting), Marquee, Strobe (Light), Stroboscope, Flickering Light, Bubble Light, Dim (Lighting), Dark Lighting, Bright, Ultrabright, Blinding Light, Crepuscular Rays, Godrays, Rays of Shimmering Light, Artificial Lighting, Natural Lighting, Sunlight, Sunbeams, Moonbeams, Direct Sunlight, Sunshine Ray, Sunshaft, Starlight, Waning Light, Radiant Light, Incandescent, Fluorescent, CFL, CFL Light, Candlelight, Torch (Light), Northern Lights, Tesla Coil, Electric Arc, Glow Stick, Blacklight, Laser (Light Show), Dye(Ion, Gas)-Laser, Gobo (Light), Halogen, Argon Flash, (Schwarz, Coleman) Lantern, Flare, Ember Light, Edison Bulb, Nightlight, Christmas Lights, Optical Fiber, Electroluminescent Wire, Electromagnetic

Spectrum, nfrared, Ultraviolet, UV, X-Ray, Lightspeed, Nightclub, Glowing Radioactivity, (Glowing) Nuclear Waste

미술사에 기반을 둔 스타일을 제시해 주는 프롬프트

'생뚱맞게 왠 미술사 공부야?'라고 생각할 수도 있지만 이미지 생성에서 원하는 스타일을 달성하고자 할 때 중요한 것은 그림의 스타일을 결정 짓는 기법과 사용된 재료에 대한 이해입니다. 미술 전공자에게는 이러한 요소들이 이미 익숙할 수 있지만, 그림에 익숙하지 않은 사용자라면 다양한 스타일의 그림을 관찰하고 분석하는 것이 중요합니다. 이를 통해 사용자는 미드저니와 같은 AI 이미지 생성 도구에서 프롬프트를 보다 정교하게 구성할 수 있게 됩니다. 사용자는 미술 작품의 다양한 스타일과 기법을 탐구함으로써 AI에게 보다 구체적이고 명확한 지시를 할 수 있습니다. 예를 들어, 특정 시대의 미술 운동이나 사용된 재료, 그리기 방식에 대한 지식은 AI가 생성할 이미지의 스타일을 보다 세밀하게 조정하는 데 도움이 됩니다. 따라서 미술에 대한 깊은 이해와 연구는 AI 이미지 생성 프로세스에서 보다 풍부하고 독창적인 결과물을 얻기 위한 핵심적인 요소입니다. 사전과 교과서에 있는 용어들은 대부분 데이터가 구축돼 있다고 생각하면 됩니다. 보다 정확하고 가까운 결과물을 도출하기 위해서는 전공 관련한 단어들을 파악해 두는 편이 좋습니다. 이 과정에서 다양한 미술 작품과 스타일을 연구하고 이를 미드저니 프롬프트 작성에 적용해 보세요. AI가 생성하는 이미지의 질과 독창성을 한층 더 향상시킬 수 있을 것입니다.

> 다음 이미지들은 '(시대) 아트 스타일'이라는 워딩을 포함한 동일 프롬프트를 사용해 생성했습니다.
> **(시대)** period art style, sky and park
> 각 스타일의 차이를 비교해 보기 바랍니다.

1. 고대

- ❶ **Egyptian**: 거대한 건축물, 상형 문자, 사후 세계에 대한 강조가 특징입니다.
- ❷ **Mesopotamian**: 지구라트, 점토판에 새겨진 쐐기 문자, 함무라비 법전 등이 유명합니다.
- ❸ **Greek**: 고전 건축, 조각 발전과 민주주의가 도입됐던 시기입니다.
- ❹ **Roman**: 수로와 도로와 같은 공학 기술, 사실적인 초상화, 기독교의 확산이 있었습니다.
- ❺ **Catacombs**: 로마의 지하 매장지로 초기 기독교 예술과 벽화로 주목받았습니다.
- ❻ **Byzantine**: 종교 예술, 아이콘 그림과 교회 내부의 황금 모자이크 사용 등이 유행했던 시기입니다.

2. 5~15세기

- ❶ **Medieval**: 성화와 로마네스크, 고딕 등 다양한 스타일을 포함하는 시기로, 장식된 필사본과 종교 예술이 특징입니다.
- ❷ **Romanesque**: 반원형 아치, 두꺼운 벽, 장식적인 아케이드가 특징입니다.
- ❸ **Gothic**: 뾰족한 아치, 갈비뼈 천장, 비행 버트리스, 스테인드글라스 창문이 유명합니다.

3. 14~16세기

- ❶ **Renaissance**: 고전 학습과 지혜의 부활로, 미술에서 비례, 원근법, 인체 해부학이 활성화됐습니다.
- ❷ **Mannerism**: 인위적이고 길게 늘어진 비례와 주제에서의 긴장감이 특징입니다.

시대별 아트 스타일 이미지 비교〈르네상스(왼쪽)와 로코코(오른쪽)〉

4. 17~18세기

❶ **Baroque**: 조각, 회화, 건축에서의 웅장함, 드라마, 움직임이 특징입니다.

❷ **Rococo**: 복잡한 장식, 파스텔 색상, 플레이풀한 주제가 특징입니다.

5. 19세기

시대별 아트 스타일 이미지 비교〈아르누보(왼쪽)와 아카데미즘(오른쪽)〉

❶ **Neoclassicism**: 고대 그리스-로마 스타일에서 영감을 받은 고전적 단순함과 대칭성으로 돌아간 시기입니다.

❷ **Romanticism**: 감정, 개인주의, 자연에 중점을 둔 스타일로, 종종 극적이고 이국적인 주제를 다뤘습니다.

❸ **Realism**: 장식이나 해석 없이 일상생활에서 주제를 있는 그대로 표현합니다.

❹ **Naturalism**: 자연 세계를 사실적으로 재현하고자 하는 스타일입니다.

❺ **Impressionism**: 짧고 부서진 붓질과 순수하고 혼합되지 않은 색상으로 빛의 효과를 포착하고 있습니다.

❻ **Post-Impressionism**: 인상주의자들의 자연적 묘사에 대한 반응으로, 상징적 내용과 형식 요소를 더 많이 강조합니다.

❼ **Symbolism**: 상징적 의미를 통해 아이디어를 표현하는 예술로, 종종 영적인 성격을 띱니다.

❽ **Art Nouveau**: 흐르는 선, 유기적 형태, 꽃 모티브가 특징입니다.

❾ **Academicism**: 고전 미술 규칙과 공식적인 미술 교육 표준을 준수하는 보수적인 스타일입니다.

6. 20세기

❶ **Hyperrealism**: 극사실주의, 회화와 조각에서 매우 사실적인 스타일입니다.

❷ **Cubism**: 작품 내에서 추상화된 형태와 다중 관점이 특징입니다.

❸ **Surrealism**: 무의식의 창조적 잠재력을 해방하고 종종 기괴하거나 꿈같은 이미지에 중점을 둡니다.

❹ **Neo-Realism**: 노동 계급의 일상생활을 중심으로 한 현대 회화와 영화 제작 스타일입니다.

❺ **Dadaism**: 물질주의와 민족주의 태도에 대한 조롱이 특징인 전위 예술 운동인 독일 표현주의로, 주제와 사건에 대한 주관적인 감정과 개인적인 반응을 묘사하고 있습니다.

❻ **Fluxus**: 완성된 작품보다 예술 창조의 태도에 초점을 맞춘 스타일입니다.

❼ **Neo-Plasticism**: 피트 몬드리안에 의해 개발된 수직선과 수평선, 원색만을 사용하는 추상화 스타일입니다.

❽ **Constructivism**: 예술을 사회적 목적을 향해 진행된 실천으로 간주하고 독립된 예술의 아이디어를 거부하는 예술 및 건축 철학입니다.

❾ **Pop Art**: 대중문화의 측면을 활용해 광고 만화책, 일상적인 문화적 객체 등을 사용하는 스타일입니다.

시대별 아트 스타일 이미지 비교〈팝아트(왼쪽)와 Op 아트(오른쪽)〉

❿ **Abstract Expressionism**: 제2차 세계대전 이후의 예술 운동으로, 자발적, 자동적, 무의식적 창조에 중점을 두고 있습니다.

⓫ **Op Art**: 시각적 착시를 이용하는 시각 예술 스타일입니다.

⓬ **Kinetic Art**: 움직이는 부분을 포함하거나 움직임에 의존하는 효과를 지닌 예술입니다.

⓭ **Minimal Art**: 간단하고 객관적인 스타일로, 작품을 가장 기본적인 특성으로 축소했습니다.

그 밖의 아트스타일에 따른 용어

Pop-Art, Lo-fi, Biomorphic, Bauhaus Style, Transautomatism, Suprematism, Warhol, Hi-fi, Ornamental, Modernism, Fauvism, High Fidelity, Composition, Cloisonnism, Vorticism, Orphism, Eccentrism, Rayonism, Spectralism, Luminism, Muralism, Spatialism, Diptych, Precisionism, Regionalism, Classical, Classicism, Academicism, Miserablism, Synchronism, Romanticism, Constructivist, Constructivism, Baroque, Pictorialism, Rococo, Positivism, Gothic, Tubism, Naturalism, Idyllic, Vedute, Verism, Divisionism, Nuagisme, Sumatraism, Synthetism, Tonalism, Anachronism, Barbouillage, Orientalism, Symbolism, Lettrism, Biedermeier, Idealism, Impressionism, Art Deco, Award Winning Art, Folk Art, Renaissance, Lowbrow, Dada, Medievalism, Fourier Art, Multidimensional Art, Purism, Post-Impressionism, Art Nouveau, Epic Composition, Postcolonial Art, Harlem-Renaissance, Figurativism, Dadaism, New Medievalism, Temporary Art, Nebulous Art, Intimism, Dau al Set, Nouveau Realisme, Drop Art, Neo-Dadaism, Vienna Secession, Op Art, Mozarabic Art, Anti, Compound Design, Tactile Design, Tachisme, Frasurbane Triptych, Silhouette, Incoherents, Store-Brand, Amate, Brocade, Escapism, Existentialism, Anti-Design, Grunge Revival, Memphis Style, Avant-Garde, Sfumato, Foreshortening, Topographic, Existential, Contemporary, Wuhtercuhler, Ligne Claire, Lovecraftian, Design Stuckism, Memphis Design, Transavantgarde, Neue Sachlichkeit, Chiaroscuro, Booru, Kitsch, Costumbrismo, Bohemianism

그림 기법에 따른 용어

Sketch, Drawing, Doodle, Hand-Drawn, Hand-Written, Children's Drawing, Masterpiece, Dot Art, Pointillism, Stipple, Line Art, Crosshatch, Etch-A-Sketch Drawing, Figure Drawing, Caricature, Storyboard, (Storybook, Whimsical, Archaeological) Illustration, Illustrated-Booklet, Assembly (Anatomical) Drawing, Visual (Graphic) Novel, Illuminated Manuscript, Cartographic

페인팅 기법에 따른 용어

Canvas Hard, (Oil, Tempera, Watercolor, Gouache, Fresco, Easel, Edge, Acrylic, Casein, Wet, Detailed, Faux, Color Field, Scroll, Matte, Encaustic, Chinese, Romanesque, Gond, Ancient Roman, Tibetan, Japanese, Warli , Caravaggio, Madhubani, Kalamkari, Sand, Action, Panel, Plein-Air, Miniature, Phad) Painting, Artwork, Cave Art, Easter Egg, Hydro-Dipping, Paper-Marbling, Mural, Rock Art, Egg Decorating, Hydrodipped, Street Art, Sandpainting, Speedpainting, Still Life, Still-Life, (Fine, Modern) Art, Brushwork, Paintwork, Impasto, Fayum Portrait

연필과 흑연, 크레용, 분필, 파스텔
Pencil Art, (Colored, Grease) Pencil, Graphite, Charcoal Art, Crayon Chalk, Blackboard, Pastel Art, Chalkboard, Conte

잉크
Ink, (Conductive, Flexographic, India, Iron Gall) Ink, (Fountain, Ballpoint, Gel, Grease) Pen, Calligraphy, (Fountain Pen, Marker) Art, Dry-Erase Marker, Viscosity Print, Wet-Erase Marker, Whiteboard

페인트 유형
Watercolor, Paint, (Acrylic, Wet, Oil, Tempera, Gouache, Dripping, Splatter, Spray, Glass, Blacklight, Casein, Coffee, Powder, Puffy) Paint, Graffiti, Stencil Graffiti, Graffiti Tag, 1980s Airbrush Art, Spray, Airbrush

컬러 기반 디자인
Color, Hue, Gradient, Spectrum, Pure, Faded Colors, Autochrome, Colorized, Tone, Color Wheel, Value, Vibrance, Pigment, Vivid, Variegated, Purity, Faded, EnChroma (Chromatic, Warm Color, Color, Cool Color) Palettes, Colorful, Vibrant, Chroma, Saturated, Neon, (Complimentary, Analogous, Supplementary, Triadic, Split-Complementary, Tetradic) -Colors, (Electric, Tonal, Inverted, Spectral) Colors, Light, Dark Mode, Light, Dark, Tones of Black, Multicolored, Rainbow, Dichromatism, High Saturation, Tones of Black in Background, Light Blue Foreground, Tetrachromacy, Low Saturation, Light Blue Background

성격과 감정을 표현하는 프롬프트

캐릭터를 생성할 때는 캐릭터 설정에 사용한 대부분의 단어를 모두 포함합니다. 성격도 캐릭터의 표정 등에 영향을 미칩니다. 감정을 표현하는 프롬프트를 활용하면 캐릭터들에게 생동감 있는 연출을 할 수 있도록 해 줍니다.

1. 성격

다음 4장의 캐릭터 시트는 같은 프롬프트에 각기 다른 성격의 워딩을 넣어 준 결과물입니다.

- 호기심 많은
- 재치 있는
- 카리스마 넘치는
- 조심성이 많은

이렇게 다른 성격을 가진 캐릭터가 생성된 것을 확인할 수 있습니다.

Curious, character sheet, turn around, white background, Multiple pose and expressions, various facial expressions and movements, A 17-year-old Asian high school girl with long black hair that falls below her shoulders, deep brown eyes, and pale skin with dark circles under her eyes

Charismatic, character sheet, turn around, white background, Multiple pose and expressions, various facial expressions and movements, A 17-year-old Asian high school girl with long black hair that falls below her shoulders, deep brown eyes, and pale skin with dark circles under her eyes

Witty, character sheet, turn around, white background, Multiple pose and expressions, various facial expressions and movements, A 17-year-old Asian high school girl with long black hair that falls below her shoulders, deep brown eyes, and pale skin with dark circles under her eyes

Cautious, character sheet, turn around, white background, Multiple pose and expressions, various facial expressions and movements, A 17-year-old Asian high school girl with long black hair that falls below her shoulders, deep brown eyes, and pale skin with dark circles under her eyes

- **Ambitious(야심 찬)**: 큰 목표와 꿈을 갖고 있으며 성취를 향해 노력하는 성격
- **Cautious(조심성 있는)**: 신중하고 위험을 피하는 경향이 있는 성격
- **Charismatic(카리스마 있는)**: 사람들을 자연스럽게 끌어들이는 매력이 있는 성격
- **Compassionate(연민이 많은)**: 타인에 대한 깊은 이해와 동정을 보이는 성격
- **Courageous(용감한)**: 두려움을 무릅쓰고 도전적인 행동을 하는 성격
- **Curious(호기심 많은)**: 새로운 것을 배우고 탐험하고자 하는 강한 욕구를 가진 성격
- **Determined(결심이 굳은)**: 목표를 달성하기 위해 끝까지 밀고 나가는 성격
- **Empathetic(공감 능력이 뛰어난)**: 다른 사람의 감정을 잘 이해하고 공감하는 성격
- **Impulsive(충동적인)**: 순간의 감정에 따라 행동하는 경향이 있는 성격
- **Innovative(혁신적인)**: 창의적인 사고로 새로운 아이디어를 만들어 내는 성격
- **Introspective(내성적인)**: 자신의 내면적 사고에 몰두하는 경향이 있는 성격
- **Meticulous(세심한)**: 세부사항에 주의를 기울이는 꼼꼼한 성격

- **Optimistic(낙관인)**: 긍정적으로 미래를 바라보며 희망적인 태도를 가진 성격
- **Pragmatic(실용인)**: 실제적이고 현실적인 접근을 선호하는 성격
- **Resilient(회복력 있는)**: 어려움과 실패에도 빠르게 회복하고 다시 일어서는 성격
- **Skeptical(회의적인)**: 주장이나 믿음에 쉽게 동의하지 않고 의심하는 성격
- **Witty(기지 있는)**: 빠르고 재치 있는 사고로 유머 감각이 뛰어난 성격
- **Zealous(열정적인)**: 어떤 활동이나 목적에 대해 극도의 열정을 가진 성격

이렇게 성격을 설정하고 캐릭터 시트를 생성해 두면 앞으로 작품을 진행할 때 감정 표현에 관련한 좋은 가이드가 될 수 있습니다.

2. 감정

폴 에크먼(Paul Ekman)의 연구에 따르면, 사람의 감정을 표현하는 데는 7가지 기본적인 표정이 중요한 역할을 합니다. 이러한 표정들은 캐릭터의 감정 상태를 명확하게 전달하는 데 매우 효과적입니다. 에크먼이 제시한 7가지 기본 감정 표현에 '사랑'이라는 감정을 추가해 정리해 봤는데, 스토리텔링과 캐릭터 개발에 있어 '사랑'이라는 키워드는 더욱 깊이 있는 스토리를 전달하는 데 도움을 줄 것이라 생각합니다.

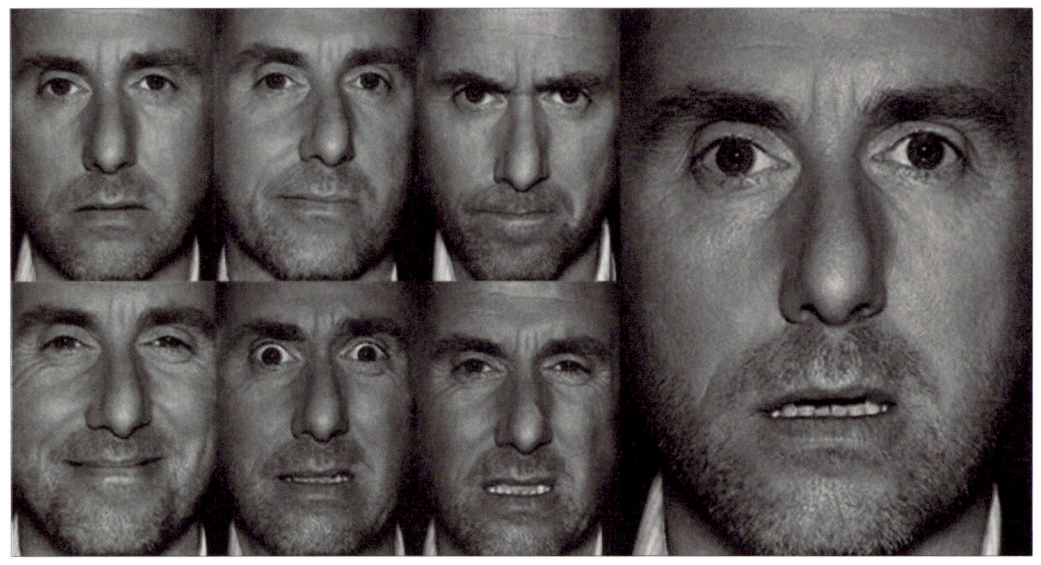

〈Lie to me〉 TV 시리즈에서 폴 에크먼의 기본적인 감정(+중립적인 상태)을 표현한 주인공 팀 로스

에크먼의 7가지 기본 감정

- **행복**(Happiness)
- **슬픔**(Sadness)
- **분노**(Anger)
- **놀람**(Surprise)
- **혐오**(Disgust)
- **공포**(Fear)
- **경멸**(Contempt)

> **사랑(Love) 추가의 중요성**
> 사랑은 인간 경험에서 가장 깊고 복잡한 감정 중 하나입니다. 사랑의 감정은 단순한 행복이나 슬픔을 넘어 캐릭터의 동기 부여, 관계 발전, 갈등 해결과 같은 스토리의 다양한 측면에 영향을 미칠 수 있습니다. 사랑은 캐릭터 간의 유대감을 강화하고 갈등을 불러일으키며 스토리에 깊이와 감정적 복잡성을 추가합니다.

감정 키워드의 프롬프트로서의 역할

에크먼의 기본 감정 표현은 캐릭터가 겪는 감정의 범위를 명확하게 드러내 줍니다. 이러한 감정들은 캐릭터의 행동과 반응을 이해하고 예측하는 데 중요한 단서를 제공합니다. 사랑은 다른 기본 감정과 결합해 캐릭터의 성격, 동기 그리고 행동을 더욱 세밀하게 표현할 수 있게 해 줍니다. 사랑의 감정을 추가하면 스토리는 더욱 풍부하고 다차원적인 감정적 교류를 탐색할 수 있습니다. 캐릭터의 내면적 감정 상태를 표현하고 스토리텔링에 깊이를 더하는데, 이러한 감정들을 효과적으로 사용함으로써 작가들은 캐릭터들이 보다 생동감 있고 현실적으로 느껴지게 할 수 있습니다.

❶ 행복

- **Joyful(기쁜)**: 마음에서 우러나는 행복감을 느끼는 상태
- **Elated(황홀한)**: 매우 기쁘고 흥분된 상태로, 정신이 들뜨는 느낌
- **Ecstatic(황홀경에 빠진)**: 극도의 행복이나 기쁨으로 인해 충만감을 느끼는 상태
- **Cheerful(명랑한)**: 밝고 쾌활한 기분을 표현하는 성격이나 태도.
- **Blissful(무아지경의)**: 완전한 행복과 만족을 느끼는 감정 상태
- **Radiant(빛나는)**: 기쁨과 행복으로 인해 얼굴이나 태도에서 긍정적인 에너지가 느껴지는 상태

- Exuberant(넘치는): 에너지와 감정이 넘쳐흐르며 활기찬 기쁨을 표현하는 상태
- Jubilant(환희에 찬): 큰 기쁨과 환희를 느끼며 그 감정을 외부로 표출하는 상태
- Content(만족하는): 현재 상황에 만족하며 평온한 기쁨을 느끼는 감정
- Satisfied(만족스러운): 기대나 욕구가 충족돼 만족감을 느끼는 상태
- Thrilled(흥분된): 매우 기쁘고 흥분돼 마음이 벅찬 상태
- Amused(즐거워하는): 어떤 것이 재미있거나 유쾌해 즐거움을 느끼는 감정
- Delighted(즐거워하는): 뭔가로 인해 큰 기쁨을 느끼는 상태
- Lighthearted(가벼운 마음의): 걱정이 없고 마음이 가벼워 행복한 상태
- Buoyant(상쾌한): 마음이 상쾌하고 기운이 넘치는 감정
- Gleeful(환희에 찬): 기쁨이나 승리로 인해 환희를 표현하는 상태

❷ 슬픔

- Sad(슬픈): 일반적인 슬픔의 감정을 나타내는 상태
- Heartbroken(심장이 부서진): 극도의 슬픔과 고통을 경험하는 감정
- Mournful(애도하는): 상실이나 죽음에 대한 깊은 슬픔을 나타내는 감정
- Melancholic(우울한): 지속적인 슬픔이나 우울함을 느끼는 상태
- Sorrowful(비통한): 큰 슬픔이나 후회를 느끼는 감정
- Grieving(슬퍼하는): 상실에 대해 깊은 슬픔을 나타내며 종종 애도 과정과 관련됨.
- Despondent(낙담한): 희망을 잃고 실망감에 빠진 상태
- Dismayed(경악한): 충격이나 두려움으로 인한 슬픔
- Downcast(기가 죽은): 낙담하고 힘이 빠진 듯한 감정
- Lamenting(한탄하는): 슬픔이나 후회를 강하게 표현하는 상태
- Blue(침울한): 우울하고 울적한 기분
- Distraught(마음이 어지러운): 극도의 정서적 혼란과 슬픔에 휩싸인 상태
- Pensive(생각에 잠긴): 슬프거나 진지한 생각에 잠겨 있는 상태
- Forlorn(버림받은 듯한): 외롭고 희망이 없는 듯한 감정
- Depressed(우울증에 빠진): 깊은 우울감과 흥미 상실을 나타내는 상태
- Weepy(눈물이 많은): 쉽게 울고 감정적으로 불안정한 상태

❸ 분노

- Angry(화난): 불쾌하거나 불공평한 상황에 대한 강한 불만을 나타내는 감정
- Furious(격분한): 매우 강한 분노와 격렬한 감정 상태
- Irate(격노한): 매우 화가 나고 분노한 상태

- **Agitated(동요한)**: 화가 나거나 불안정해 보이는 행동
- **Incensed(분노로 가득 찬)**: 강렬하고 억제할 수 없는 분노를 느끼는 상태
- **Enraged(분개한)**: 매우 화가 나서 통제가 힘든 상태
- **Outraged(격분한)**: 어떤 일에 대한 강한 분노와 불쾌함을 느끼는 상태
- **Frustrated(좌절한)**: 목표나 욕구가 충족되지 않아 화가 난 상태
- **Resentful(원한을 품은)**: 불공평하거나 부당하게 대우받았다고 느끼며 분노하는 감정
- **Bitter(악에 받친)**: 오랜 시간 지속된 분노와 실망으로 인해 생긴 감정
- **Hostile(적대적인)**: 공격적이고 적대적인 태도
- **Vengeful(복수심에 불타는)**: 상처나 모욕에 대한 복수를 원하는 감정
- **Indignant(분개한)**: 부당한 대우나 부정의에 대한 분노
- **Wrathful(격노한)**: 극도의 분노와 적개심을 표현하는 상태
- **Seething(속이 끓는)**: 겉으로는 차분해 보이지만 속으로는 강한 분노를 느끼는 상태
- **Irritated(짜증난)**: 작은 일에도 쉽게 화를 내는 감정 상태

❹ 놀람

- **Surprised(놀란)**: 예상치 못한 상황에 대한 반응으로 갑작스럽게 놀라는 상태
- **Shocked(충격받은)**: 강한 놀라움이나 충격을 경험하는 감정
- **Astonished(경악한)**: 매우 놀라움을 느끼거나 믿을 수 없을 정도로 놀라는 상태
- **Amazed(놀라운)**: 기쁨과 함께 큰 놀라움을 느끼는 상태
- **Startled(깜짝 놀란)**: 갑작스러운 자극에 빠르게 반응해 놀라는 상태
- **Bewildered(당황한)**: 혼란스럽고 무엇을 해야 할지 모르는 상태로 놀라움을 느낌
- **Flabbergasted(기가 막힌)**: 매우 놀라워서 아무 말도 할 수 없는 상태
- **Stunned(멍한)**: 놀라움이나 충격으로 인해 잠시 정신을 차리지 못하는 상태
- **Dumbfounded(말문이 막힌)**: 매우 놀라 무엇을 할지 모르는 상태
- **Aghast(오금이 저린)**: 두려움이나 충격으로 인해 매우 놀란 상태
- **Perplexed(당혹스러운)**: 놀라움과 혼란을 동시에 느끼는 상태
- **Baffled(혼란스러운)**: 이해할 수 없는 상황에 대한 놀라움으로 혼란을 느낌
- **Speechless(말을 잃은)**: 너무 놀라서 말을 잃어버린 상태
- **Astounded(깜짝 놀란)**: 강한 놀라움으로 인해 믿을 수 없다고 느끼는 상태
- **Incredulous(의심하는)**: 너무 놀라서 사실인지 믿기 어려워하는 상태
- **Thunderstruck(충격에 빠진)**: 매우 놀라운 사건이나 소식에 강한 충격을 받은 상태

❺ 혐오

- **Disgusted(혐오스러워하는)**: 매우 불쾌하고 혐오스러운 감정을 느끼는 상태
- **Revolted(반감을 느끼는)**: 어떤 것에 대해 강한 거부감과 혐오를 느끼는 상태
- **Repulsed(역겨워하는)**: 뭔가에 대한 강한 거부감과 혐오를 느끼는 상태
- **Loathing(극도의 혐오를 느끼는)**: 깊은 혐오감과 증오를 나타내는 감정
- **Abhorring(증오하는)**: 깊은 혐오와 증오를 느끼는 상태
- **Appalled(경악하는)**: 뭔가에 대해 깊은 충격과 혐오를 느끼는 상태
- **Nauseated(메스꺼워하는)**: 구역질이 나는 듯한 혐오를 느끼는 상태
- **Detesting(싫어하는)**: 강한 혐오와 싫어하는 감정
- **Sickened(병이 난 듯한)**: 혐오나 불쾌감으로 몸이 아픈 듯한 느낌
- **Horrified(공포에 질린)**: 끔찍하게 느껴져 공포와 혐오를 동시에 느끼는 상태
- **Averse(반대하는)**: 특정한 것에 대해 강한 거부감을 나타내는 태도
- **Offended(모욕감을 느끼는)**: 불쾌하거나 모욕적인 일에 대해 강한 혐오감을 느끼는 상태
- **Repugnant(혐오감을 주는)**: 매우 불쾌하고 혐오스러움을 나타내는 상태
- **Scoffing(조롱하는)**: 비웃거나 조롱하는 태도로 혐오감을 나타내는 상태

❻ 공포

- **Terrified(겁에 질린)**: 매우 큰 두려움을 느끼는 상태
- **Horrified(공포에 질린)**: 극도의 공포나 충격을 경험하는 감정
- **Frightened(무서워하는)**: 뭔가에 대한 두려움을 느끼는 상태
- **Petrified(석화된 듯한)**: 큰 두려움으로 움직일 수 없는 상태
- **Scared(두려워하는)**: 무서움을 느끼는 일반적인 상태
- **Spooked(속이 확 뒤집힌)**: 뜻밖의 상황에 놀라고 두려움을 느끼는 상태
- **Fearful(두려움에 사로잡힌)**: 불안과 두려움이 지배적인 감정 상태
- **Apprehensive(걱정스러운)**: 불안하고 무엇인가 나쁜 일이 일어날 것 같은 느낌
- **Panicked(패닉에 빠진)**: 극도의 두려움과 혼란을 경험하는 상태
- **Alarmed(경계하는)**: 위협이나 위험에 대해 놀라고 우려하는 상태
- **Anxious(불안한)**: 불확실하거나 위험한 상황에 대한 지속적인 불안감
- **Nervous(긴장한)**: 불안하고 긴장된 상태
- **Shaken(흔들리는)**: 강한 충격이나 두려움으로 인해 마음이 흔들린 상태
- **Agitated(동요한)**: 불안하고 초조한 감정 상태
- **Dreadful(무시무시한)**: 매우 두려운 상황이나 대상에 대한 느낌
- **Tense(긴장된)**: 불안감과 긴장이 공존하는 상태

❼ 경멸

- **Contemptuous(경멸하는)**: 다른 사람이나 상황에 대해 경멸적인 감정을 나타내는 상태
- **Scornful(경멸적인)**: 뭔가를 경멸하거나 무시하는 감정
- **Disdainful(경멸하는)**: 무엇인가를 하찮게 여기고 무시하는 태도
- **Derisive(조롱하는)**: 비웃거나 조롱하는 방식으로 경멸을 표현하는 상태
- **Sneering(냉소적인)**: 비웃거나 비하하는 태도로 경멸을 나타내는 상태
- **Mocking(조소하는)**: 뭔가를 놀리거나 비웃는 방식으로 경멸을 표현하는 상태
- **Condescending(잘난 체하는)**: 남을 업신여기며 잘난 체하는 태도
- **Dismissive(무시하는)**: 중요하지 않거나 가치 없다고 여기며 무시하는 태도
- **Sarcastic(빈정대는)**: 빈정거리는 방식으로 경멸을 나타내는 상태
- **Cynical(냉소적인)**: 사람이나 세상에 대해 부정적이고 냉소적인 태도
- **Haughty(거만한)**: 자신이 남보다 우월하다고 느끼며 거만한 태도
- **Aloof(무관심한)**: 무관심하고 냉담한 태도로 경멸을 나타내는 상태
- **Sardonic(풍자적인)**: 비꼬는 듯한 풍자로 경멸을 나타내는 태도
- **Insolent(무례한)**: 무례하고 건방진 태도로 경멸을 표현하는 상태
- **Peeved(짜증난)**: 불쾌감을 느끼며 경멸적인 감정을 나타내는 상태
- **Indignant(분개한)**: 부당함에 대해 분개하며 경멸을 표현하는 상태

❽ 사랑

- **Affectionate(애정 어린)**: 따뜻하고 애정이 담긴 감정을 나타내는 상태
- **Devoted(헌신적인)**: 누군가나 뭔가에 깊은 사랑과 충성을 보이는 태도
- **Fond(좋아하는)**: 강한 애정이나 좋아하는 마음을 가진 상태
- **Loving(사랑하는)**: 사랑의 감정을 깊게 표현하는 성격이나 행위
- **Passionate(열정적인)**: 강렬하고 열정적인 사랑의 감정
- **Romantic(로맨틱한)**: 로맨스와 사랑에 관한 이상적이고 감상적인 감정
- **Tender(부드러운)**: 부드럽고 사려 깊은 사랑의 표현
- **Heartfelt(진심에서 우러난)**: 마음 깊은 곳에서 느껴지는 진실한 사랑의 감정
- **Adoring(숭배하는)**: 누군가를 매우 깊게 사랑하고 숭배하는 감정
- **Enamored(푹 빠진)**: 누군가에게 깊이 매료되거나 반한 상태
- **Cherishing(소중히 여기는)**: 누군가를 극히 소중히 여기는 마음
- **Amorous(연애 감정이 있는)**: 연애적이고 성적인 사랑의 감정을 나타내는 상태
- **Captivated(매혹된)**: 누군가의 매력에 완전히 매료된 상태
- **Infatuated(열렬히 반한)**: 강렬하게 누군가에게 끌리는, 때때로 비합리적인 사랑의 감정

- **Smitten(반한)**: 강한 사랑의 감정에 휩싸인 상태
- **Intimate(친밀한)**: 깊은 감정적 유대감과 친밀함을 표현하는 상태

나라별 특징을 담고 있는 캐릭터 프롬프트(모든 국가가 포함되지는 않았습니다)
나라사람-Style, 나라사람 Realism

직업과 사람에 관련된 프롬프트
Boss, Master, Police, Warrior, Samurai, Samurai Warrior, Artist, Bard, Cleric, Clownpunk, Clowncore, Viking, Pilgrim, Quarterback, Catholicpunk, Poetcore, Scoutcore, Kingcore, Princecore, Princesscore, Royalcore, Knightcore, Roguecore, Villaincore, Kidcore, Tweencore, Grandparentcore, Brocore, John Cena

감정과 기질에 관련된 프롬프트
Happy, Happy Accidents, Joyful, Excited, Euphoric, Love, Sad, Lonely, Depressing, Cheerful, Surprise, Emotion, Emotional, Intense, Freaky, Clever, Brilliant, Intelligent, Whimsical, Pleasing, Evocative, Angry, Dangerous, Angelic, Good, Heavenly, Evil, Diabolic, Demonic, Corrupt, Corrupted, God, Devil, Benevolent, Malevolent, Troubled, Cringey, Creepy, Horror, Soulful, Sublime, Frightened, Luscious, Consumable, Ideal, Cute

---

부정 프롬프트

부정 프롬프트(negative prompt)는 인공지능 이미지 생성 과정에서 원하지 않는 요소를 최소화하거나 제거하기 위해 사용하는 지시어 또는 명령어입니다. 이러한 프롬프트들이 제공하는 효과는 다음과 같습니다.

1. 향상된 이미지 품질(화질 관련 부정 프롬프트)

부정적인 품질 관련 프롬프트(예 worst quality, low quality)를 사용함으로써 인공지능이 저품질의 이미지를 생성하는 것을 방지합니다. 이는 결과적으로 더 높은 해상도와 선명도를 가진 이미지를 얻는 데 도움이 됩니다.

2. 해부학적 정확성(해부학적 부정 프롬프트)

'bad anatomy', 'missing arms'와 같은 프롬프트를 사용함으로써 인공지능이 해부학적으로 비정상적이거나 기형적인 이미지를 생성하는 것을 방지합니다. 이는 인물이나 동물의 형상을 더 자연스럽고 정확하게 표현하는 데 중요합니다.

3. 원치 않는 텍스트 제거(텍스트 관련 부정 프롬프트)

'text', 'digit', 'fewer digits' 등의 프롬프트를 사용해 이미지 내에 원하지 않는 문자나 숫자가 포함되는 것을 방지합니다. 이는 이미지의 시각적 정제도를 높이는 데 기여합니다.

4. 불필요한 요소 제거(기타 부정 프롬프트)

'error', 'watermark', 'frame'과 같은 부정 프롬프트는 이미지에 불필요하거나 방해가 되는 요소들을 제거하는 데 도움이 됩니다. 이는 더 깔끔하고 전문적인 이미지 결과물을 얻는 데 중요합니다.

5. 임베딩 사용(Badhandv4, FASTNEGATIVEv4, Easynegative)

특정 임베딩을 사용하면 특정한 형태의 부정적 요소를 더 효과적으로 필터링하거나 제어할 수 있습니다. 이는 인공지능의 이미지 생성 과정을 더욱 세밀하게 조절할 수 있게 해 줍니다.

부정 프롬프트의 사용은 인공지능으로 생성된 이미지의 전반적인 품질을 향상시키고 사용자의 의도에 더 부합하는 결과물을 얻는 데 중요한 역할을 합니다. 그러나 과도한 사용은 오히려 결과물의 품질을 저하시킬 수 있으므로 적절한 균형을 유지하는 것이 중요합니다.

부정 프롬프트 모음: 각 단어들을 조합해 적절한 프롬프트를 구성한 후 사용하세요.

HANDS, 6 fingers, ugly, deformed, clone face, duplicates, noisy, blurry, distorted, out of focus, bad anatomy, extra limbs, poorly drawn face, poorly drawn hands, missing fingers, FUSED FINGERS, FUSED TOES, CLUBBED FINGERS, CLUBBED TOES, Deformed, blurry, bad anatomy, 2 heads, disfigured, poorly drawn face, mutation, mutated, extra limb, ugly, poorly drawn hands, extra fingers, extra toes, missing limb, blurry, floating limbs, disconnected limbs, malformed hands, blur, out of focus, long neck, long body, ((((mutated hands and fingers)))), (((out of frame))), signature, watermark, trademark, nsfw, nudity,cleavage, breast

미드저니에서 프롬프트를 입력하는 팁

미드저니 봇(Midjourney Bot)은 당신이 보고 싶은 것을 묘사하는 단순하고 짧은 문장들에 가장 잘 작동합니다. 긴 요청 목록을 피하세요.

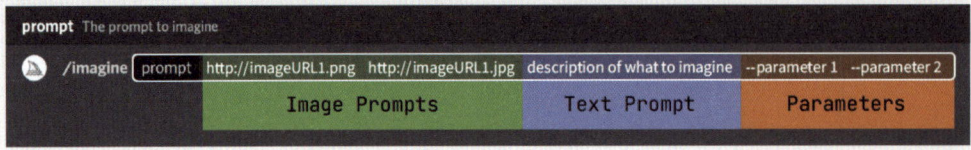

- **Image Prompts:** 이미지 URL을 프롬프트에 추가하는 것은 완성된 결과의 스타일과 내용에 영향을 미칠 수 있습니다. 이미지 URL은 항상 프롬프트 앞에 표시됩니다.
- **Text Prompt:** 어떤 이미지를 생성할 것인지에 대한 텍스트 설명입니다. 프롬프트의 정보와 팁은 다음을 참조하십시오. 잘 작성된 프롬프트는 놀라운 이미지를 생성하는 데 도움이 됩니다.
- **Parameters:** 매개변수는 이미지가 생성되는 방법을 변경합니다. 매개변수는 종횡비, 모델, 업스케일러 등을 변경할 수 있습니다. 매개변수는 프롬프트의 끝에 위치합니다.

우리가 원하는 매개변수 옵션

style: --style 매개변수는 일부 중간 여정 모델 버전의 기본 심미성을 대체합니다. 스타일 매개변수를 추가하면 더 많은 사진 같은 이미지, 영화 장면 또는 더 귀여운 캐릭터를 만들 수 있습니다. 기본 모델 버전 5.2 및 이전 버전 5.1은 --style raw를 사용합니다. 만화, 애니메이션, 캐릭터를 생성할 때 자주 사용하는 모델 버전인 Niji 5는 --style cute --style skit --style skit --style or --style expressive를 사용합니다.

- --style cute: 매력적이고 사랑스러운 캐릭터, 소품, 설정을 만듭니다.
- --style expressive: 좀 더 세련된 느낌을 줍니다.
- --style original은 2023년 5월 26일 이전에 기본으로 설정된 오리지널 니지 모델 버전 5를 사용합니다.
- --style scenic: 환상적인 환경의 맥락에서 아름다운 배경과 영화적인 캐릭터 순간을 만듭니다.
- video: --video 매개변수를 사용해 생성되는 초기 이미지 그리드의 짧은 동영상을 만듭니다. 완료된 작업에 봉투 이모티콘(✉)으로 반응해 미드저니 봇이 비디오에 대한 링크를 다이렉트 메시지(Direct Messages)로 보내도록 합니다.

비디오 링크를 얻는 방법

- **프롬프트 ▶** /imagine 프롬프트 Vively California Poppies --video
  1. 프롬프트의 끝에 --비디오를 추가합니다.
  2. 작업이 완료되면 Add Reaction(리액션 추가)을 클릭합니다.
  3. 봉투 이모티콘(✉)을 선택합니다.
  4. 미드저니 봇은 비디오에 대한 링크를 당신의 다이렉트 메시지로 보낼 것입니다.
  5. 브라우저 내에서 동영상을 보려면 링크를 클릭하십시오. 동영상을 다운로드하려면 마우스 오른쪽 버튼을 누르거나 길게 누릅니다.
- **Seed:** 모델을 지정해서 사용하고 싶을 때 시드 번호를 찾아 사용합니다.
  - **--seed 시드란?**
    미드저니 봇은 초기 이미지 그리드를 생성하기 위한 시작점으로, 텔레비전 정적 잡음과 같은 시각적 잡음 필드를 만들기 위해 시드 번호를 사용합니다. 시드 번호는 각 이미지에 대해 무작위로 생성되지만, --seed 또는 --sameed를 매개변수로 지정할 수 있습니다. 동일한 시드 번호와 프롬프트를 사용하면 비슷한 엔딩 이미지가 생성됩니다.

1. 생성된 이미지에서 마음에 드는 이미지를 선택한 후 오른쪽의 [...] 버튼을 클릭하고 [Copy]-[Seed]를 클릭하면 시드번호를 복사할 수 있습니다.
2. 시드 번호는 정적이지 않으며 세션 간에 의존해서는 안 됩니다.

프롬프트 적용 비교

다음은 같은 프롬프트를 입력했을 때 미드저니, 니지저니, 스테이블 디퓨전에서 각각 어떻게 생성되는지 비교해 보겠습니다. 어떤 단어를 프롬프트로 사용했는지 참고해 이미지를 생성해 보세요.

프롬프트 1

 (best-quality:0.8), perfect **anime** illustration, extreme closeup portrait of a pretty woman walking through the city

❶ **미드저니**

애니메이션 일러스트 옵션을 줬지만, 실사에 가까운 이미지도 보입니다. 좀 다양한 스타일의 이미지를 랜덤하게 생성해 볼 수 있습니다.

❷ 니지저니

다양한 스타일의 만화, 애니메이션 그림체를 생성해 볼 수 있습니다.

❸ 스테이블 디퓨전(darkSushiMixMix_225D.safetensors [cca17b08da])

스테이블 디퓨전은 선택한 체크포인트에 따라 일정한 그림체를 보여 줍니다. 명령어에 따라 각각의 체크포인트에 어울리거나, 과하거나, 어색할 때가 있습니다.

프롬프트 2

beautiful **charismatic** girl, athletic body, gorgeous figure, interesting shapes, full body shot, dark eye makeup

❶ 미드저니

그림체를 따로 지정해 주지 않는 경우에는 다음과 같이 실사체의 이미지가 생성되는 것을 볼 수 있습니다.

❷ 니지저니

니지저니는 기본적으로 만화 또는 애니메이션 그림체로 생성해 줍니다. 니지저니를 사용할 경우, 따로 그림체를 지정해 주지 않다는 의미일 수 있습니다.

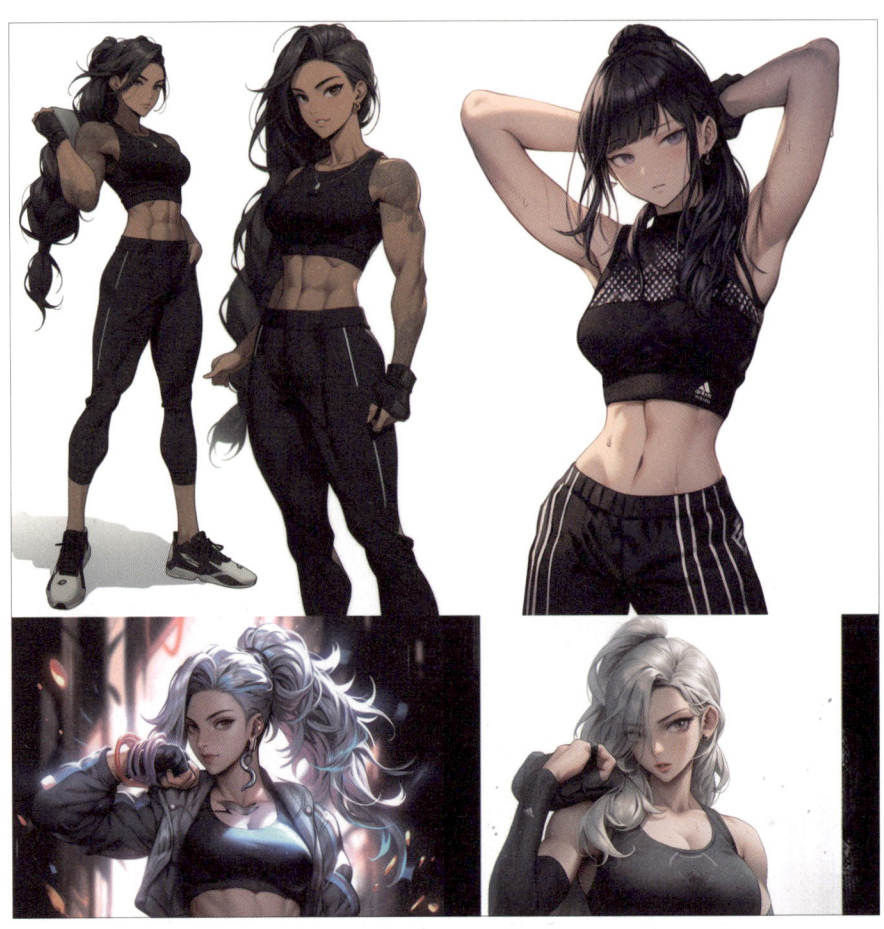

❸ 스테이블 디퓨전(samaritan3dCartoon_v40SDXL.safetensors [1b8fca3fee])

프롬프트 3

anime girl, **romanticized femininity**, elegant, emotive faces, close up

❶ 미드저니

❷ 니지저니

❸ 스테이블 디퓨전

스테이블 디퓨전은 같은 프롬프트더라도 체크포인트에 따라 분위기가 달라집니다. 각각의 옵션에 따라 적절한 프롬프트를 적용하는 요령이 필요합니다.

colossusProjectXLSFW_v202BakedVAE.safetensors [3f228d4d4e]

samaritan3dCartoon_v40SDXL.safetensors [1b8fca3fee]

darkSushiMixMix_225D.safetensors [cca17b08da]

프롬프트 4

kpop boy, Silvery gaze through rainbow spikes, Ethereal artistry in the shadows, Colorful chaos meets metallic calm, Painted passions across a canvas of skin, Spectrum of emotions in the night

❶ 미드저니

'KPOP'이라는 치트키를 사용했습니다. 여성보다 남성의 이미지를 구현하는 것이 상대적으로 까다로운데, 이 치트키를 사용하면 실사 이미지의 한국형 소년 이미지를 쉽게 생성할 수 있습니다.

❷ 니지저니

❸ 스테이블 디퓨전

colossusProjectXLSFW_
v202BakedVAE.safetensors
[3f228d4d4e]

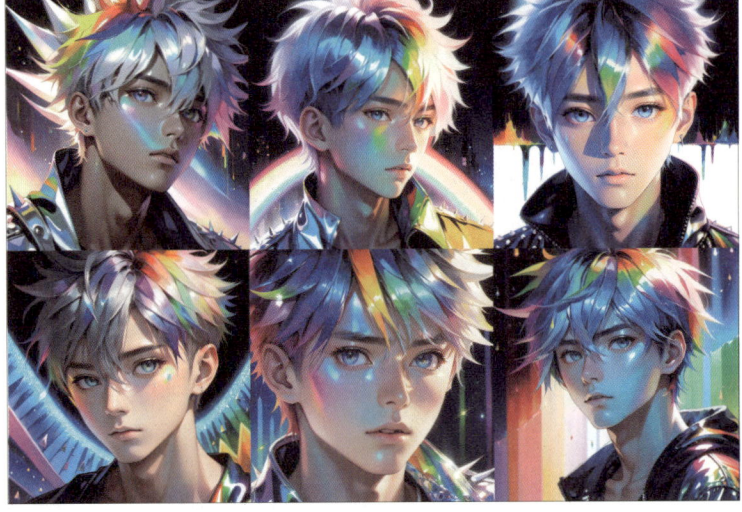

bluePencilXL_v010.
safetensors [6ea7884bc7]

프롬프트 5

((chibi)), cat boy, full-body

❶ 미드저니

'Chibi'라는 치트키를 사용했습니다. 2등신의 귀여운 캐릭터를 생성하는 데 이만한 명령어가 없는 것 같습니다.

❷ 니지저니

좀 더 귀여운 이미지가 생성됩니다.

❸ 스테이블 디퓨전

darkSushiMixMix_225D.
safetensors [cca17b08da]

samaritan3dCartoon_
v40SDXL.safetensors
[1b8fca3fee]

colossusProjectXLSFW_
v202BakedVAE.safetensors
[3f228d4d4e]

Chapter 5 챗GPT로 작품 기획하기

챗GPT는 만화와 웹툰 제작의 새로운 지평을 열었습니다. 이전에는 작가들이 스토리 구성과 캐릭터 디자인, 그림 작업에 많은 시간과 정성을 쏟아야 했지만, 챗GPT의 등장으로 이 모든 과정이 훨씬 수월해졌습니다. 작가가 이야기의 일부를 입력하고 챗GPT가 나머지 이야기를 제안해 주고 채워 나가는 과정을 거치면 스토리를 짜는 데 드는 시간과 노력이 줄어들어 그림 작업에 더 집중할 수 있게 됩니다.

챗GPT의 단점은 '할루시네이션'이라고 합니다. 하지만 가상의 소설을 쓸 때는 오히려 장점일 수도 있습니다. 말이 안 되는 세계관과 설정을 참으로 그럴 듯하게 만들어 주거든요. 물론 작가는 챗GPT가 내놓는 글을 그대로 쓸 일은 없을 것이라고 생각합니다. 머릿속에 있는 구상을 챗GPT의 훈수때문에 뒤집어엎을 일은 없을 테니 말입니다. 글을 쓰다가 막혔을 때, 구글링으로는 검색의 한계를 느꼈을 때 챗GPT는 좋은 대안이자 서포터가 될 수 있습니다. 어떤 부분에서 도움을 받을 수 있을 것인지에 대한 몇 가지 예시를 보여드리겠습니다.

작품을 기획할 때 반드시 들어가는 시놉시스의 요소부터 정리해서 작성해 봅시다. 처음부터 챗GPT의 도움을 받기보다는 그동안 쓰고 싶었던 아이디어를 기반으로 작성하면서 부족하다고 여겨지는 부분이나 추가로 고민할 부분을 챗GPT의 도움을 받으면서 작성하는 것이 좋습니다. 특히, 어떤 아이템(소재)을 갖고 이야기를 시작할 것인지를 결정하는 것은 작품의 가장 코어가 되는 부분으로, 시작하기에 앞서 이 부분을 충분히 고민해 보고 시작하세요. 작품의 의도는 작가가 독자들에게 전달하고 싶은 메시지와 같은 것이므로 처음부터 끝까지 맥락을 유지하면서 스토리를 다듬어 나가야 합니다. '작가 노트' 또는 '아이디어 노트'를 지니고 다니면서 수시로 아이디어를 메모하는 습관을 가지길 바랍니다.

작품을 기획할 때 필요한 요소들

| 시놉시스 |
| 소재 |
| 로그라인 |
| 작품의 주제 |
| 기획 의도 |
| 줄거리 |
| 주요 캐릭터 설정(관계도) |
| 배경 또는 세계관 |
| 장르 |

세계관 설정

> 10~20대 여성이 좋아할 만한 로맨스 판타지 스토리를 쓰고 싶어. 현대물이었으면 좋겠고 배경은 대한민국으로 해 줘. 세계관을 5개 정도 만들어 줘.
>
> 1. **비밀 마법 사회**: 현대 서울의 이면에 숨어 있는 마법사들의 비밀 사회. 이들은 일반 사람들 사이에서 보통의 삶을 살아가며 사랑과 마법이 얽힌 이야기를 펼쳐 나간다.
> 2. **기술과 마법의 융합**: 대한민국의 첨단 기술과 전통적인 마법이 결합된 세계. 이곳의 주인공은 현대 기술과 오래된 주문을 사용해 사랑을 찾는 여정을 시작한다.
> 3. **신화 속 존재들과의 조우**: 한국 신화 속에 등장하는 신과 정령들이 현대 사회에 나타나며 주인공은 이들과의 사랑과 갈등을 경험한다.
> 4. **시간 여행자의 로맨스**: 주인공은 시간을 넘나들 수 있는 능력을 갖고 있으며 과거와 현재를 오가며 진정한 사랑을 찾아나선다.
> 5. **판타지 가상현실**: 대한민국의 가상현실 게임 속에서 펼쳐지는 로맨스. 게임 속 캐릭터와의 사랑이 현실로 이어질 수 있을까?

줄거리

> '판타지 가상현실'의 세계관으로 로맨스 판타지물을 만들고 싶어. #고등학생 #게임 #캐릭터 #우정 #사랑이라는 키워드로 500단어 정도의 줄거리를 작성해 줘.
>
> 고등학생인 지은은 현실 세계에서의 외로움을 달래기 위해 '아스가르디아'라는 판타지 가상현실 게임에 몰두한다. 이 게임에서 그녀는 '에이라'라는 강력한 마법사 캐릭터로 변신해 마법과 모험의 세계를 경험한다.

평범한 학교 생활과 달리, 에이라로서의 그녀는 게임 내에서 존경과 인정을 받으며 강렬한 존재감을 드러낸다.

지은이 게임에서 가장 친한 친구는 '레오'라는 검사 캐릭터다. 레오는 실제로는 같은 학교의 인기 많은 학생을 재현한 것으로, 그의 진짜 정체를 모르는 지은과는 게임 내에서만 깊은 우정을 나눈다. 그들은 함께 퀘스트를 수행하며 서로를 의지하게 되고 점차 가상의 세계를 넘어서는 깊은 유대를 형성한다.

어느 날 '아스가르디아'의 창조자가 새로운 업데이트를 발표한다. 게임 내에서 '영혼의 짝'을 찾는 이벤트가 추가되는 것이다. 이 이벤트는 캐릭터들 사이의 호환성을 분석해 완벽한 파트너를 매칭해 주며 함께 특별한 퀘스트를 완수해야 한다. 지은과 레오는 이벤트에 참여하기로 결정하고 함께 게임 내에서 가장 위험하고 낭만적인 모험을 시작한다.

이 모험을 통해 지은은 레오가 게임 속뿐 아니라 현실에서도 그녀의 영혼의 짝일 수 있다는 것을 깨닫기 시작한다. 게임에서의 모험은 그들에게 서로의 실제 성격과 감정을 더 깊이 이해할 기회를 제공한다. 이들의 관계는 서서히 가상의 경계를 넘어서며 현실 세계의 우정과 사랑으로 발전한다.

하지만 현실 세계에서 재현은 지은이 '에이라'라는 것을 알게 되고 이 사실을 어떻게 받아들일지 고민에 빠진다. 그는 지은에게 자신의 진짜 정체를 밝힐 용기를 내야 하는데 그것이 그들의 관계를 영원히 바꿀 수도 있다는 것을 안다.

결국 레오는 마지막 퀘스트를 마친 후 지은에게 자신의 정체를 고백한다. 이 고백은 지은에게 충격이지만, 동시에 그녀는 게임 속에서 느꼈던 감정이 현실에서도 변하지 않는다는 것을 깨닫는다.

에피소드 정리

위의 시놉시스를 바탕으로 웹툰 30회 분량으로 나누려고 해. 각 에피소드당 주제를 나눠 줘.

1. 외로운 고등학생 지은의 일상과 가상현실의 발견
2. 지은, 마법사 에이라로의 첫 변신
3. 에이라와 검사 레오의 우연한 만남
4. 공통 퀘스트를 통한 불가피한 협력
5. 지은과 재현, 현실의 두 얼굴
6. 가상의 연대감, 퀘스트의 성공
7. 학교에서의 지은과 재현, 교차하는 운명
8. '아스가르디아'의 신비로운 업데이트 발표
9. 영혼의 짝 이벤트에 대한 첫 탐색
10. 레오와 에이라 파트너로서의 첫 퀘스트
11. 가상 세계의 시련과 현실 세계의 충돌
12. 지은과 레오, 서로에 대한 심오한 이해
13. 가상의 사랑과 현실의 친구 사이의 갈등
14. 재현의 의심과 지은에 대한 진실의 발견

15. 진심이 담긴 메시지, 실수로 전달된 신호
16. 레오의 고민, 정체를 밝히려는 결심
17. 특별한 퀘스트의 준비, 가까워지는 두 마음
18. 재현과 지은, 현실에서의 첫 대면
19. 위험한 모험, 서로를 향한 믿음의 시험
20. 실체를 드러내는 가상의 감정
21. 현실과 가상의 경계에서의 혼란
22. 영혼의 짝 이벤트, 진정한 사랑의 발견
23. 지은의 자각, 가상의 레오에 대한 진실한 마음
24. 재현의 고백, 과거의 회상
25. 퀘스트의 종료, 가상과 현실의 결합
26. 현실에서의 관계, 새로운 시작
27. 게임 오버, 새로운 관계의 도전
28. 마음의 충돌, 사랑에 대한 고백
29. 에이라와 레오, 마지막 퀘스트의 완성
30. 두 세계의 연결, 지은과 재현의 새로운 미래

웹툰 1화 분량 글 콘티

위와 같은 에피소드를 바탕으로 연재하기로 마음먹었어.
웹툰의 콘티는 컷 하나에 하나의 장면만을 담을 수 있어.
1컷 장면: 배경과 분위기, 캐릭터의 행동이 포함된 장면 설명 + 대사 또는 효과음: 캐릭터들의 대사 또는 효과음… 이런 식으로 70컷이 1화 기준으로 연재돼.
첫 번째 에피소드인 외로운 고등학생 지은의 일상과 가상현실의 발견
위의 내용으로 1화 70컷의 구성이 되도록 콘티를 작성해 줘.

1화의 콘티를 작성해 보겠습니다. 각 컷에는 지은의 일상, 감정 그리고 가상현실 게임 '아스가르디아'의 발견이 포함될 것입니다. 이는 전체적인 이야기의 흐름을 위한 개요일 뿐이므로 실제 웹툰 제작 시에는 더 세세한 시각적 요소와 대사가 필요합니다.

1화: 외로운 고등학생 지은의 일상과 가상현실의 발견

1컷
배경: 지은의 방, 책상에 공부 자료가 널려 있음.
대사: (지은 혼잣말) "또 혼자야."

2컷
　배경: 학교 복도, 사람들이 지나다니는 모습
　지은: (친구들 사이에서 고개 숙임)….

3컷
　배경: 학교 교실, 지은이 창밖을 바라보며 상상에 잠긴 모습
　효과음: (창밖의 새소리)

4컷
　배경: 지은이 학교를 나서며 홀로 걷는 모습
　지은: (혼잣말) "오늘도…."

5컷
　배경: 지은의 집, 컴퓨터 화면에 '아스가르디아' 로그인 화면이 뜸.
　대사: (지은 혼잣말) "새로운 세계에 접속!"

6컷
　배경: 가상현실 게임 화면 화려하고 신비로운 게임의 시작 화면
　효과음: (환상적인 음악)

　…

69컷
　배경: 가상현실 속 숲속, 에이라의 모습이 드러남.
　효과음: (마법적인 기운)

70컷
　배경: 게임 속에서 에이라(지은)가 눈을 뜨며 주변을 둘러보는 모습.
　대사: 에이라(지은): "이곳이 바로 아스가르디아…."

각 컷은 지은의 현실과 가상 세계 사이의 감정적인 교차를 강조합니다. 배경, 분위기, 캐릭터의 표정과 행동이 각 장면의 분위기를 전달하며 지은의 내면적인 감정과 외로움 그리고 가상현실 게임으로의 탈출을 감각적으로 묘사합니다. 이 글콘티는 웹툰 작가가 시각적 요소를 더욱 상세하게 구상하고 개발하는 데 사용할 수 있는 기본적인 틀을 제공합니다.

여기까지 작성해 보니, 스토리의 1화에서 꼭 있어야 할 부분, 즉 캐릭터의 만남, 앞으로 진행되는 스토리에서 중요한 단서가 될 만한 것이 빠져 있는 것 같습니다. 그래서 몇 번의 수정을 진행합니다. 이 부분에서는 작가의 적극적인 개입이 필요합니다.

- **수정 1**: 인기 많은 재현의 모습이 등장했으면 좋겠고 지은을 관심 있게 바라보는 컷이 중요하게 등장했으면 좋겠어. 상황을 추가해서 만들어 줄 수 있겠니?
- **수정 2**: 좀 더 스치듯이 관심이 생기게 되는 요소를 만들어 줘.
- **수정 3**: 마법 관련한 책을 읽는 지은이를 발견하고 관심을 갖는 설정으로 했으면 좋겠어. 고등학생이 마법의 책을 읽는다는 것은 흔하지 않은 일이기도 하지만, 결국 게임 안에서 지은이가 마법 캐릭터로 활약을 하는데 도움이 되는 일종의 지식서이기도 한 부분이니 이게 자연스러울 것 같아.
- **수정 4**: 지은이가 마법서를 읽는 건 재현이만 알아챘으면 좋겠어. 마법서 같은 것을 들켰다면 지은이가 오히려 재현을 피하지 않을까?

위와 같은 몇 번의 수정을 거쳐 수정한 1화 중 일부 글 콘티입니다. 해당 콘티 중에서도 일부 수정을 거쳐 좀 더 원하는 방향으로 스토리를 잡아 봤습니다. 이때 주의해야 할 점은 다음 줄거리를 작성할 때 "내가 이런 방향으로 이렇게 수정했으니 이 흐름에 맞도록 다음 이야기를 작성해 줘."와 같이 챗GPT에게도 수정 사항이 인지되도록 해야 한다는 것입니다.

> **이해했습니다. 재현이 지은이 마법서를 읽는 것을 우연히 발견하고 그 사실을 지은이가 부끄러워하며 피하는 설정으로 스토리를 수정하겠습니다.**
>
> **6컷**
> 배경: 도서관, 지은이 조용히 마법에 관한 책을 읽고 있는 모습. 책의 표지는 다른 책으로 가려져 있음.
> 재현: (뒤에서 우연히 책 제목을 발견하고 놀란 표정) "마법 책이네?"
> 지은: (책을 감추려고 서둘러) "아니, 이건 그냥…."
>
> **7컷**
> 후다닥 도망가는 지은과 멋쩍게 바라보는 재현
>
> **8컷**
> 배경: 학교 복도를 걷던 지은이 친구와 수다 떠는 재현의 모습을 발견하고 재빨리 다른 방향으로 피함.
> 재현: (정작 알아채지는 못하고 친구와 수다 떠는 모습)
> 지은: (걸음을 재촉하며) "요즘 자꾸 마주치는 건 기분 탓이겠지."
>
> **9컷**
> 배경: 교실, 지은이 책상에 앉아 마법 책을 숨기며 재현을 피하는 모습
> 재현: (지은을 바라보며) "공부만 하는 줄 알았는데 마법서라니 재밌네."
> 지은: (책을 숨기며) "헉, 너 뭐야, 왜 자꾸 남의 책에 관심을 갖는 건데!"

10컷
후다닥 도망가는 지은과 멋쩍게 바라보는 재현(7컷과 배경만 다르고 거의 복붙, 그리고 재현은 더욱 당황한 멈춤 상태)

11컷
배경: 학교 운동장, 지은이 혼자 앉아 있고 재현이 멀리서 그녀를 관찰하다가

12컷 (11컷과 12컷이 붙어 있어서 나눠 줬음)
다가가려 하지만 지은은 일어나서 멀어짐.
재현: (다가가려다가 멈추며) "마법 책 때문에 부끄러워하는 걸까?"

13컷
배경: 학교를 나서는 장면 지은이 혼자 걷고 있고 친구와 수다떨고 있던 재현이 그녀를 살짝 따라가다 멈추며 고민하는 모습

14컷
친구: 뭐야, 너 공부벌레 지은이에게 관심 있냐? 왜 공부하게?
재현: (지은을 바라보며) "아니, 혹시 쟤 마술 동아리 멤버야?"

15컷
친구: 아~ 뭐래! 우리 학교에 마술 동아리가 어딨냐? 초딩이냐? 그리고 쟤가 거길 왜 들어가 공부 한 줄을 더 하겠지!

이 설정은 지은이 마법에 대한 관심을 갖고 있지만, 이를 다른 사람에게 드러내기 부끄러워하는 모습을 보여 줍니다. 재현은 지은의 비밀을 우연히 발견하고 호기심을 갖게 되지만 지은은 그 사실을 숨기려고 합니다. 이러한 상황은 두 캐릭터 사이의 관계와 감정의 복잡성을 더해 주며 스토리에 긴장감을 추가합니다.

사실 이렇게 수정할 부분이 많으면 "이게 뭐가 인공지능이야! 내가 하는 게 더 빠르겠다!"라고 이야기할 수도 있지만, 세세한 재미와 연출을 제외하고 챗GPT는 여러 가지 상황에 대한 아이디어를 쉴 새 없이 만들어 줍니다. 혼자 아이디어를 짜다 보면 객관적으로 스토리에 대한 부분을 통찰하는 것이 쉽지 않은데, 이렇게 티키타카를 하다 보면 상황 도출이나 부족한 부분들을 더 쉽게 간파할 수 있어서 이야기를 전개하는 데 많은 도움을 받을 수 있습니다. 이는 많은 작가가 공감하는 부분인데, 챗GPT를 옆에 둔다는 것은 마치 옆에서 쉴 새 없이 조잘대는 나만의 수다 상대가 생겼다는 의미인 것입니다.

캐릭터 설정

각 캐릭터시트를 만들려고 해. 위의 스토리에 맞는 외형과 의상, 성격 등을 설정해 줘.

지은의 캐릭터시트
외형
- 나이: 17세
- 키: 162cm
- 체중: 54kg
- 머리색: 검은색, 어깨 아래로 내려오는 긴 머리
- 눈 색: 짙은 갈색
- 특징: 창백한 피부, 눈 밑에는 항상 다크서클이 있음.
- 스타일: 깔끔하지만 보수적인 교복 스타일, 무늬가 없는 진회색 카디건을 즐겨 입음

의상
- 평소: 표준화된 학교 교복, 깔끔하게 정돈된 외모
- 액세서리: 손목시계와 간단한 실버 목걸이
- 신발: 검은색 로퍼

성격
- 내성적이고 조용하지만 관찰력이 뛰어남.
- 책임감이 강하고 일에 있어서 체계적이며 완벽주의적인 경향이 있음.
- 친구들 사이에서는 듣는 것을 선호하며 말이 적음.
- 혼자 있는 시간을 즐기며 종종 고립감을 느낌.

기타
- 취미: 독서, 특히 판타지 소설에 몰두함.
- 좋아하는 것: 조용한 카페에서 혼자 시간을 보내는 것
- 싫어하는 것: 시끄러운 장소, 불필요한 사회적 상호작용

에이라의 캐릭터시트
외형
- 나이: 시간을 초월한 존재로 외모는 17세로 보임.
- 키: 167cm
- 체중: 비현실적으로 가벼움, 마법사로서 물질적 제약을 뛰어넘음.
- 머리색: 은백색으로 길게 흐르며 마법적 기운이 담겨 있음.
- 눈 색: 라피스라줄리처럼 푸른색
- 특징: 피부는 달빛을 머금은 듯이 빛나며 눈은 마법의 힘으로 빛남.

의상

- 전투복: 마법사의 로브에 별과 달의 상징이 새겨진 디자인, 신비로운 오라를 풍김.
- 액세서리: 크리스털이 달린 지팡이, 마법의 힘이 깃든 보석 반지
- 신발: 마법으로 형성된, 땅에 닿지 않는 부유하는 신발

성격

- 대담하고 호기심이 많으며 새로운 모험을 두려워하지 않음.
- 지혜롭고 영리하며 도전적인 상황에서도 침착함을 유지
- 현실 세계의 지은과 달리, 사교적이며 리더십이 있음.
- 정의롭고 공평한 성격으로 게임 내에서 공정한 플레이를 중요시함.

기타

- 고대 마법 연구: 에이라는 역사적인 마법서를 연구하며 잊혀진 주문과 마법의 비밀을 풀어 내는 것을 취미로 삼고 있다. 그녀는 고대 텍스트를 해독하고 실제로 마법을 실험하며 자신의 능력을 강화한다.
- 영역 탐험: 에이라는 '아스가르디아' 내에서 새로운 영역을 발견하고 탐험하는 것을 즐긴다. 그녀는 각 영역의 비밀을 밝혀내고 숨겨진 아이템을 찾아내는 데 능숙하다.
- 대화술: 에이라는 게임 내 다른 캐릭터들과의 대화를 통해 정보를 얻고 이야기를 나누는 것을 좋아한다. 그녀는 자신의 지식과 지혜를 나누며 게임 내 다른 플레이어나 NPC들과의 관계를 발전시킨다.

재현의 캐릭터시트

외형

- 나이: 18세
- 키: 178cm
- 체중: 70kg
- 머리색: 다크 브라운, 약간의 파마로 자연스러운 웨이브가 있음
- 눈 색: 밝은 갈색
- 특징: 깨끗한 피부, 잘 정돈된 눈썹, 친근하게 보이는 미소
- 스타일: 세련된 학교 교복 착용, 때때로 개성을 드러내는 액세서리 착용

의상

- 평소: 정해진 학교 교복에 약간의 변형을 가미한 스타일, 예를 들어 색상이 있는 넥타이나 깔끔한 스니커즈
- 액세서리: 손목에 스포티한 시계, 때때로 팔찌를 착용
- 신발: 편안한 스니커즈나 스포츠화

성격

- 외향적이고 자신감이 넘치며 학교에서 인기가 많음.

- 운동을 좋아하고 경쟁적인 면이 있지만, 친구들을 대할 때는 따뜻하고 친절함.
- 뛰어난 리더십과 장난기 많은 성격으로 친구들 사이에서 중심적인 역할을 함.
- 높은 사회성을 갖고 있지만, 때로는 혼자만의 시간을 가치 있게 생각함.

기타
- 취미: 축구, 비디오 게임, 친구들과의 소셜 미디어 활동
- 좋아하는 것: 스포츠, 친구들과의 모임
- 싫어하는 것: 혼자 공부하는 것, 지루함

레오의 캐릭터시트
외형
- 나이: 재현과 동일하게 보이나 게임 내에서는 불멸의 기사
- 키: 게임 내에서는 185cm로 묘사
- 체중: 게임 내에서는 강인한 체격
- 머리색: 밤색에 가까운 검은색, 머리는 게임 내에서는 길고 촘촘한 포니테일
- 눈 색: 진한 청색
- 특징: 게임 내에서는 늠름한 얼굴에 강한 턱선, 전사로서의 용맹함이 느껴짐.

의상
- 전투복: 중세 기사의 갑옷을 현대적으로 해석한 검은색과 은색 갑옷
- 액세서리: 광택이 나는 금속으로 만든 허리띠, 장식적인 망토
- 신발: 견고한 부츠로, 현대적인 디자인을 가미한 판타지 스타일

성격
- 게임 내에서는 용감하고 결단력 있는 리더로서 동료들을 위해 앞장서 싸우는 정의로운 기사
- 전략적 사고를 갖고 있으며 전투 시 뛰어난 판단력과 차분함을 보임.
- 현실의 재현과 달리, 게임 내에서는 신중하고 진지함.
- 동료와의 우정을 중시하며 팀원을 보호하는 것을 최우선으로 여김.

기타
- 취미: 게임 내에서는 몬스터 사냥, 보물 탐색, 스킬 연마
- 좋아하는 것: 도전적인 전투, 동료들과의 협력
- 싫어하는 것: 부정직한 행동, 팀워크를 해치는 행위

이러한 캐릭터시트는 재현과 레오라는 두 인물의 이중적인 측면을 잘 나타내며 웹툰에서 그들의 성격과 행동이 어떻게 현실과 가상 세계에서 다르게 표현될 수 있는지에 대한 기초를 제공합니다.

캐릭터 설정에 따른 프롬프트 입력, 미드저니 캐릭터 이미지 생성

다음은 지은의 캐릭터시트를 번역기에 돌려 얻은 문장들을 정리해 프롬프트를 입력했습니다. 다른 캐릭터들도 이와 같은 방법으로 이미지를 생성했습니다.

외형
- 나이: 17세
- 키: 162cm
- 체중: 54kg
- 머리색: 검은색, 어깨 아래로 내려오는 긴 머리
- 눈 색: 짙은 갈색
- 특징: 창백한 피부, 눈 밑에는 항상 다크서클이 있음.
- 스타일: 깔끔하지만 보수적인 교복 스타일, 무늬가 없는 진회색 카디건을 즐겨 입음.

의상
- 평소: 표준화된 학교 교복, 깔끔하게 정돈된 외모
- 액세서리: 손목시계와 간단한 실버 목걸이
- 신발: 검은색 로퍼

성격
- 내성적이고 조용하지만 관찰력이 뛰어남.
- 책임감이 강하고 일에 있어서 체계적이며 완벽주의적인 경향이 있음.
- 친구들 사이에서는 듣는 것을 선호하며 말이 적음.
- 혼자 있는 시간을 즐기며 종종 고립감을 느낌.

지은 | A 17-year-old Asian high school girl with long black hair that falls below her shoulders, deep brown eyes, and pale skin with dark circles under her eyes. She wears a neat but conservative school uniform with a plain dark grey cardigan, a simple silver necklace, and black loafers. Her expression is introspective and she has a responsible, organized, and perfectionist air about her, preferring to listen rather than speak, enjoying solitude but sometimes feeling isolated

	재현	An 18-year-old high school boy with a height of 178 cm and a weight of 70 kg. He has dark brown hair with natural waves due to a slight perm, bright brown eyes, and clear skin with well-groomed eyebrows and a friendly smile. He dresses in a stylish schooluniform with personalized touches such as a colored tie and clean sneakers, sports a sporty wristwatch, and occasionally wears bracelets. His demeanor exudes confidence and extroversion, with a warmth and kindness when interacting with friends. He is known for his leadership and playful character at school and enjoys solitary moments despite being socially active
	이라	A 17-year-old ethereal sorceress with an appearance that defies time. She has a height of 167 cm and an unrealistically light presence as if unaffected by material constraints. Her hair is long, flowing silver-white, imbued with magical essence, and her eyes are big and the color of lapis lazuli, glowing with magical power. Her skin appears luminous as if bathed in moonlight. She wears a mystical robe adorned with symbols of stars and moons that radiates an enigmatic aura, carries a staff topped with a crystal, and magical rings filled with power
	레오	An 18-year-old immortal knight character in a video game, standing tall at 185 cm with a robust physique. He has dark hair that is almost black, styled in a long, dense ponytail, and deep blue eyes that convey bravery and determination. His facial features are noble with a strong jawline, exuding the valor of a warrior. He is dressed in a modern interpretation of medieval knight's armor in black and silver, complemented with a glossy metal belt and a decorative cape. His boots are sturdy, integrating a contemporary design with a fantasy style. The character is a courageous and decisive leader, known for his strategic thinking and calmness in battle, serious and thoughtful within the game, valuing camaraderie and prioritizing the protection of his team members.

챗GPT와 함께 캐릭터 설정표 작성해 보기

다음의 캐릭터 설정표를 채워 넣어 스토리를 작성하면서 길을 잃지 않도록 하세요. 가능하면 모든 캐릭터가 이 설정표를 갖고 있도록 해야 합니다. 이 설정표는 캐릭터들이 행동하거나 판단하는 데 중요한 단서가 됩니다. 다음 표에서 색상이 칠해져 있는 부분은 비주얼라이징이 필요한 부분으로, 이미지 생성형 인공지능을 다룰 때 필요한 요소, 즉 미드저니나 스테이블 디퓨전에서 프롬프트가 될 부분들입니다.

주요 키워드	
키워드	독자들이 해당 작품이나 캐릭터를 검색할 때 쓰일 키워드들을 상상하며 작성해 보세요. 다음에 작성될 요소들이 이 키워드에 적합한지에 대해 체크할 수 있는 체크포인트가 될 것입니다.
외형적·객관적 설정	
얼굴 묘사	첫인상과 개성을 전달하는 핵심 요소입니다. 표정, 눈 색, 주근깨, 여드름, 점, 흉터 등 얼굴의 특징은 캐릭터의 감정 상태, 경험, 심지어 성격까지도 나타낼 수 있습니다.
나이	성숙도, 경험, 사회적 역할 및 책임을 나타냅니다. 나이는 캐릭터가 겪는 갈등의 유형과 그들이 세계를 바라보는 방식에 영향을 미칠 수 있습니다.
키/몸무게	캐릭터의 신체적 비율은 그들의 물리적 존재감과 힘의 느낌을 주는 요소입니다. 키와 몸무게는 캐릭터의 건강 상태, 생활 방식, 심지어 사회적 지위를 암시할 수도 있습니다.
헤어 스타일	머리카락의 길이, 색상, 스타일은 캐릭터의 개성과 시대적 배경을 드러내는 데 사용됩니다. 헤어스타일은 때때로 캐릭터의 정서적 상태나 사회적 신분을 반영하기도 합니다.
즐겨 입는 의상	취향, 성격, 사회적 지위, 심지어 그들이 속한 문화적 배경을 나타냅니다. 캐릭터의 의상은 그들이 어떤 환경에서 살고 어떤 가치를 중시하는지를 시각적으로 보여 줍니다.
안경 착용 유무	안경 착용 여부는 캐릭터의 성격, 특성을 암시할 수 있습니다. 예를 들어 안경은 지적이거나 신중한 성격을 나타낼 수 있으며 때로는 캐릭터의 취약점이나 감정 상태를 반영할 수도 있습니다.
건강 상태	캐릭터의 건강 상태나 특정 의학적 조건을 설정합니다. 예를 들어 혈액형, 알레르기, 만성 질환 등을 포함할 수 있습니다.
내향적·주관적 설정	
목표	동기 부여와 행동을 이끄는 중심 요소입니다. 목표는 캐릭터가 추구하는 바와 그들이 겪는 갈등을 구체화하고 스토리에 방향성을 제공합니다.
별명	성격, 외모, 행동 또는 과거의 경험과 관련된 특징적인 특성을 반영할 수 있습니다. 별명은 종종 캐릭터의 중요한 사건이나 관계에서 유래하며 캐릭터에 대한 다른 인물들의 인식을 나타내기도 합니다.
생일(별자리, 탄생석)	캐릭터에 대한 상징적인 의미나 성격, 특성을 제공할 수 있습니다. 별자리나 탄생석은 종종 특정한 성격 특성이나 운명과 연결될 수 있습니다.
특기	그들의 개성을 보여 주며 스토리 내에서 중요한 역할을 할 수 있습니다. 특기는 캐릭터가 직면하는 문제를 해결하거나 스토리의 중요한 순간에 영향을 미칠 수 있습니다.
성격	성격, 성향, 태도 등을 설명합니다. 예를 들어 내성적, 외향적, 낙천적, 진지한 등 성격을 구체화합니다.
언어 및 사투리 등	언어나 특정 지역의 사투리를 설정할 수 있습니다. 이는 캐릭터의 출신지와 문화적 배경을 나타냅니다.
취미 및 관심사	캐릭터가 즐기는 활동, 관심 분야, 취미 등을 추가합니다. 이는 캐릭터에게 더 많은 개성을 부여합니다.
교육 및 직업	학력, 직업, 전문 기술 등을 설정합니다. 이는 캐릭터의 사회적 배경과 경험을 반영합니다.
사회 환경	사회적·문화적·경제적 배경은 그들의 성격 형성과 세계관에 영향을 미칩니다. 이는 캐릭터의 행동과 관계에도 영향을 미칩니다.
가정 환경	과거, 가족 배경, 중요한 사건 등을 설정해 캐릭터의 현재 모습에 깊이를 더합니다.

커뮤니티 환경	친구, 가족, 동료, 라이벌 등과의 관계를 설정합니다. 이는 캐릭터의 사회적 상호작용과 성격을 보여 줍니다.
신념 및 가치관	종교적·도덕적·철학적 신념이나 가치관을 설정합니다. 이는 캐릭터의 행동과 결정에 영향을 미칠 수 있습니다.
좋아하는 색상	그들의 성격, 감정 상태, 취향을 반영할 수 있습니다. 색상은 종종 감정적·심리적 상징을 내포하고 있습니다.
좋아하는 것과 싫어하는 것	성격을 구체화하고 일상적인 상호작용에서의 선택을 형성합니다. 이는 캐릭터와 그들의 세계에 대한 이해를 증진시킵니다.
취미	여가 시간 활동과 관심사를 나타내며 개성과 삶의 방식을 드러냅니다.
소중한 아이템	과거 이야기, 추억, 가치관을 상징할 수 있습니다. 이는 캐릭터에게 감정적 중요성을 가집니다.
트라우마	심리적·감정적 발전에 큰 영향을 미칠 수 있습니다. 이는 캐릭터의 갈등과 내면적 싸움을 이해하는 데 중요한 역할을 합니다.

챗GPT와 함께 캐릭터별 스토리 중심으로 작성해 보기

다음의 캐릭터별 스토리 중심 설정표를 채워 넣어 스토리를 작성하면서 길을 잃지 않도록 하세요. 이야기에서 목표가 있는 캐릭터는 주인공만큼이나 중요한 역할을 합니다. 스토리 내에서 키우고 싶은 서브 캐릭터가 있다면 꼼꼼하게 설정해 보길 바랍니다.

1. 캐릭터의 기본 사항

캐릭터의 이름, 외형적 특징, 성격, 기타 특성을 정의함으로써 캐릭터의 독특한 정체성을 구축합니다. 이는 캐릭터가 생동감 있고 신뢰성 있는 존재로 독자들에게 다가갈 수 있게 만들어 줍니다.

2. 최종 목표 및 단계별 목표

캐릭터의 최종 목표와 단계별 목표를 설정함으로써 스토리의 방향성과 목적을 제공합니다. 이는 스토리의 구조를 강화하고 캐릭터의 행동과 결정에 의미를 부여합니다.

3. 장애물

- **조력자와 적대자의 포지션, 공동 및 개인 목표:** 주인공과의 관계와 스토리 내의 갈등을 명확히 합니다. 이는 스토리에 복잡성과 긴장감을 추가하며 캐릭터 간의 상호작용을 풍부하게 만듭니다.

- **외부적 및 내부적 갈등:** 캐릭터의 성장과 변화의 여정을 촉진하며 스토리의 드라마틱한 요소를 강화합니다.

4. 주인공의 성장(갈등 해소)

주인공이 겪는 갈등 해결 과정을 통해 캐릭터의 성장을 보여 줍니다. 이는 스토리에 깊이를 추가하고 캐릭터가 겪는 변화와 발전을 강조합니다.

이 설정표를 작성함으로써 작가는 스토리의 구조를 명확히 할 수 있고 캐릭터의 동기와 갈등, 성장 과정을 체계적으로 관리할 수 있습니다. 이는 스토리의 일관성을 유지하고 그로인해 독자들에게 강렬하고 몰입감 있는 스토리를 제공하는 데 큰 역할을 합니다.

1. 캐릭터의 기본 사항	이름	
	외향적 특징	
	성격	
	기타	
2. 최종 목표(목적)		
3. 단계별 목표		
	주인공의 조력자	포지션	
		공동 목표	
		개인 목표	

		포지션	
4. 장애물	적대자	개인적 목표	
	주인공 외부적 갈등		
	주인공 내부적 갈등		
5. 주인공의 성장 (갈등 해소)			

챗GPT와 함께 전체 줄거리 정리해 보기

전체적인 회차별 에피소드를 정리해 보겠습니다.

전체 줄거리

각 회차별 주요 사건 정리	
1화	
2화	
3화	
4화	
…	
…	
마지막 화	

챗GPT에 사용할 캐릭터별 말투 정리해 보기

캐릭터별 설정표가 있기는 하지만, 각 캐릭터가 연기해야 할 포인트들을 따로 정리해 놓으면 챗GPT가 가끔 헤맬 때 이 정리표를 바탕으로 다시 작성할 수 있습니다.

캐릭터 A	말투	
	성격	
캐릭터 B	말투	
	성격	
캐릭터 C	말투	
	성격	
캐릭터 D	말투	
	성격	

Prompt: Honeycore

Chapter
6
콘셉트 아트와
배경 디자인, 소품
디자인하기

Chapter 6
콘셉트 아트와 배경 디자인, 소품 디자인하기

콘셉트 디자인에서 가장 중요한 '분위기'

 이미지 생성형 AI로 가장 활용도가 좋은 분야는 콘셉트 디자인, 콘셉트 아트입니다. 작품의 전체적인 분위기를 결정하고 어떤 요소를 디자인해야 할 것인지에 대한 브레인스토밍 부분을 비주얼라이징까지 할 수 있게 됐습니다. 자료 조사나 아이디어 스케치를 프롬프트를 통해 빠르게 제작해 수정, 보완할 수 있게 됐습니다. 6장에서는 챗GPT, 미드저니, 스테이블 디퓨전을 중심으로 사용했는데, 접근하기 쉽다면 어떤 툴을 사용하더라도 상관없습니다. 완성형 일러스트가 아닌 전체적인 분위기를 잡기 위한 콘셉트 디자인에서 가장 중요한 것은 '분위기'를 이미지화해서 보여 주는 것이라는 점을 잊지 마세요.

앞 페이지의 만화를 위해 미드저니에서 생성된 배경 이미지는 단 2장이었습니다. 간단한 프롬프트를 사용해 분위기에 맞는 배경을 선택하고 책상의 클로즈업 장면을 위해 'close up' 이라는 단어 하나만 추가했습니다. 명확한 지시어가 있다면 간단한 프롬프트만으로도 훌륭한 배경을 생성할 수 있습니다.

prompt Dark securities office

생성된 캐릭터를 편집해 삽입

크롭해 사용

prompt Close up, desk, Dark securities office

1. 콘셉트 디자인 단계

당장 프롬프트가 생각나지 않는다면 차근차근 만들어 봅니다.

Step 1 ▶ 원하는 콘셉트 정리하기

- 그림 안에 들어갈 필수 요소를 정리해 봅니다.
- 그림 스타일: 실사, 만화/애니체 등
- 배경: 현대/1970년대/미래 등, 학교, 숲, 바다 등
- 분위기: 편안한, 아포칼립스적인, 우울한 등

Step 2 ▶ 프롬프트 입력해 보기

- 원하는 설정에 맞는 단어들을 조합해 기본 프롬프트를 만들어 봅니다.

Step 3 ▶ 조금 복잡한 프롬프트 입력해 보기

- 필요한 단어를 강조하거나 불필요한 묘사는 삭제하는 등의 과정을 거쳐 명료한 프롬프트를 만들어 냅니다. 이때 챗GPT를 활용해 작성할 수도 있습니다.

2. 단계별 적용 예시

예시 1

Step 1 ▶ 미래 학교

Step 2 ▶ 아포칼립스적인 미래 도시의 학교

Apocalypse School of the Future City

미드저니

니지저니

StableDiffusion(colossusProjectXLSFW_v202BakedVAE.safetensors[3f228d4d4e])

StableDiffusion (darkSushiMixMix_225D.safetensors[cca17b08da])

Step 3 조금 복잡한 프롬프트 입력해 보기

"아포칼립스적인 미래 도시의 학교, 부서진 도시 전경으로, 복잡하지만 햇살이 비치는 따뜻한 배경으로 학생들이 헤어진 교복을 입고 학교를 향하는 모습, 검은 머리의 어여쁜 아시안 소녀는 음악을 들으며 미소를 짓고 있다."

영문으로 프롬프트를 입력하는 것이 어렵다면 문장 번역기나 챗GPT를 사용해 생성할 수도 있습니다.

 You
아포칼립스적인 미래 도시의 학교, 부서진 도시 전경으로 복잡하지만 햇살이 비추는 따뜻한 배경으로 학생들이 헤어진 교복을 입고 학교를 향하는 모습, 검은 머리의 어여쁜 아시안 소녀는 음악을 들으며 미소를 짓고 있다.

위 내용을 Stablediffusion에 적용할 프롬프트로 작성을 해줘.

 ChatGPT
아래는 아포칼립스적인 미래 도시 배경에서 학교로 향하는 학생들과 검은 머리의 아시안 소녀가 음악을 들으며 미소 짓는 모습을 묘사하는 Stablediffusion 프롬프트입니다:

"Post-apocalyptic futuristic city school, broken urban landscape with warm sunlight, students wearing tattered uniforms walking to school, a beautiful Asian girl with black hair smiling while listening to music."

이 프롬프트는 미래 도시의 아포칼립스적 분위기와 햇살이 비추는 따뜻한 배경을 결합하여 학교로 가는 학생들의 모습을 묘사합니다. 또한, 검은 머리의 아시안 소녀가 음악을 들으며 미소 짓는 장면을 포함하여 시각적으로 풍부한 이미지를 생성하는 데 도움이 될 것입니다.

이를 통해 만들어진 프롬프트입니다.

 Post-apocalyptic futuristic city school, broken urban landscape with warm sunlight, students wearing tattered uniforms walking to school, a beautiful Asian girl with black hair smiling while listening to music

StableDiffusion(darkSushiMixMix_225D.safetensors[cca17b08da])

Step 4 ▶ 의도하는 연출을 프롬프트로 입력해 보기

캐릭터를 부각시켜 작품으로 진행하면서 어떤 분위기가 나올 것인지를 알고 싶을 때는 인물을 중심으로 중요도를 설정합니다.

> (kpop girl: 1.1), (ultra high detail: 1.3) Post-apocalyptic futuristic city school, broken urban landscape with warm sunlight, students wearing tattered uniforms walking to school, a beautiful Asian girl with black hair smiling while listening to music

StableDiffusion(darkSushiMixMix_225D.safetensors[cca17b08da])

미드저니   니지저니

예시 2

Step 1 로맨틱한 궁전

a romantic palace

Step 2 프롬프트 입력해 보기

여기에 구체적인 설정을 더해 프롬프트를 작성해 보겠습니다.

"Morning ambiance with a softly out-of-focus enchanting palace in the background, bathed in the gentle light of dawn. The scene is adorned with vibrant floral decorations, adding a touch of color and life. Romantic balconies with detailed railings are highlighted, draped in morning dew and blooming flowers, overlooking a peaceful landscape. The focus is on the serene beauty of the morning, with the palace providing a majestic yet dreamy backdrop.

StableDiffusion(darkSushiMixMix_225D.safetensors[cca17b08da])

미드저니

개인적으로는 좀 과하다는 느낌이 들어 프롬프트를 정리해 봤습니다. 대부분의 단어를 삭제하고 중요도가 있는 단어를 선택한 후 마음에 드는 몇몇 단어만 남기고 추가로 머릿속에 떠오르는 설정 단어 몇 개를 넣었습니다.

> "Morning ambiance with a softly out-of-focus enchanting palace in the background, bathed in the gentle light of dawn. The scene is adorned with vibrant floral decorations, adding a touch of color and life. Romantic balconies with detailed railings are highlighted, draped in morning dew and blooming flowers, overlooking a peaceful landscape. The focus is on the serene beauty of the morning, with the palace providing a majestic yet dreamy backdrop."

최종 프롬프트
morning, anime, manga, Enchanting palace, vibrant floral decorations, romantic balconies, overlooking a serene landscape

StableDiffusion (darkSushiMixMix_225D.safetensors[cca17b08da])

미드저니로 만들어진 이미지가 좀 더 원하는 방향이었습니다. 그래서 우선 미드저니에서 생성된 이미지를 확장해 베이스가 될 배경을 만들어 보기로 했습니다. 생성된 4개의 이미지 중 두 번째 이미지를 선택해 스케일업해 줍니다.

이미지를 스케일업해 선택하면 다음 여러 옵션이 생기는데, 오른쪽과 왼쪽을 차례대로 확장해 가로로 넓은 배경을 만듭니다. 최종적으로 오른쪽과 같은 이미지를 생성할 수 있었습니다.

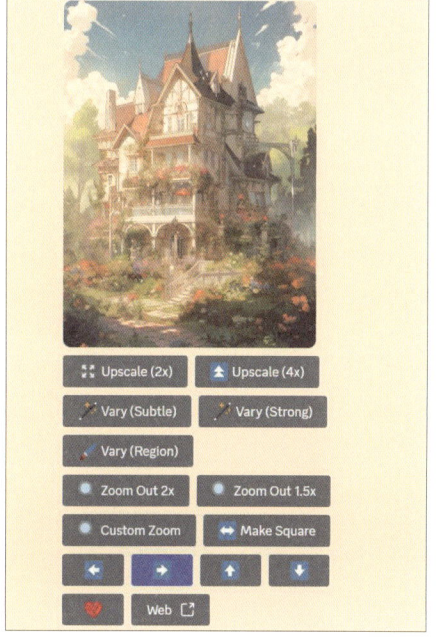

니지저니로 만든 최종 배경

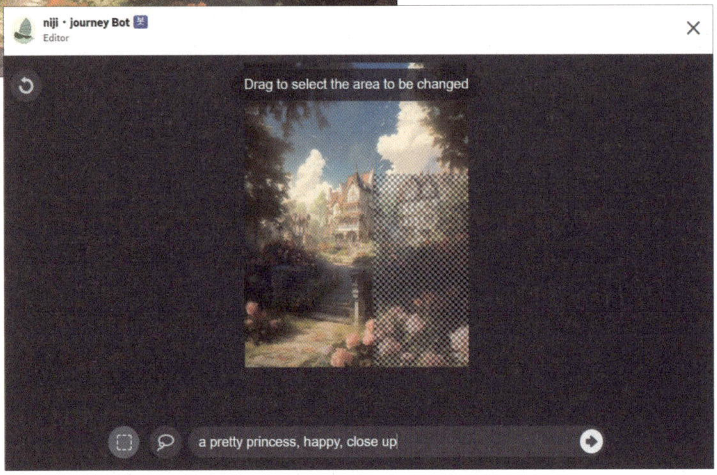

프롬프트 창에 원하는 이미지에 해당하는 단어들을 작성하면 됩니다.

이렇게 만들어진 여러 스타일의 공주와 최종 선택된 이미지는 다음과 같습니다.

3. 스테이블 디퓨전 사용해 보기

스테이블 디퓨전에서 img to img로 돌려 봤습니다. 색감과 분위기가 변화된 것을 확인할 수 있습니다.

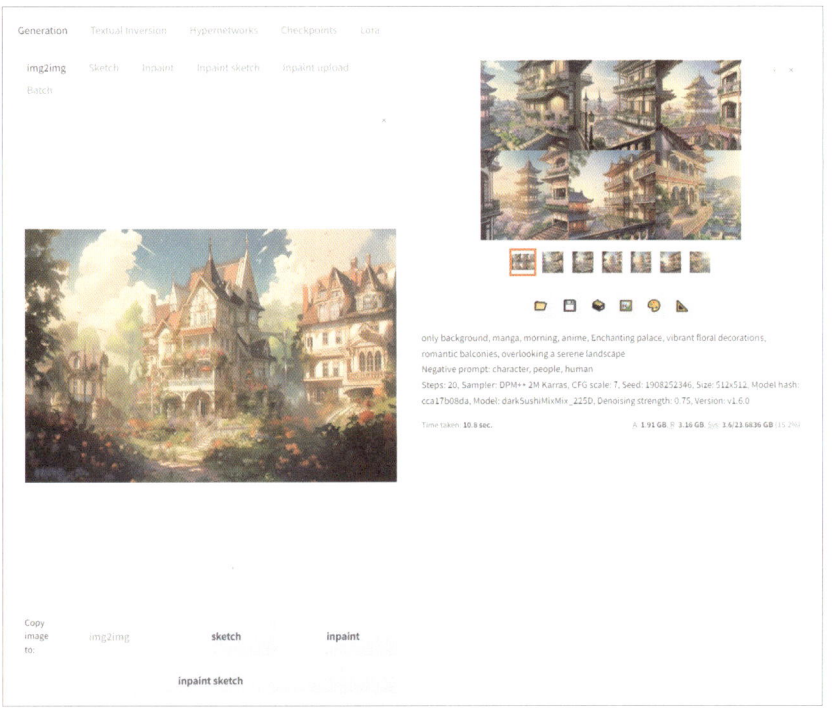

위 그림과 비교해 보면 어느 부분이 바뀌었는지 확인할 수 있습니다.

StableDiffusion(darkSushiMixMix_225D.safetensors[cca17b08da])

img to img로 배경이 어느 정도 원하는 분위기로 나온 것을 확인하고 캐릭터가 있는 이미지를 생성하기 위해 캐릭터 관련 프롬프트를 입력해 봤습니다.

긍정 프롬프트
(best-quality:1), close up, a princess, romanticized femininity, elegant, close up, morning, Enchanting palace, vibrant floral decorations, romantic balconies, overlooking a serene landscape, pretty hand, a rather modest hand

부정 프롬프트
asynegative, (low quality, worst quality:1.4), (bad anatomy), (inaccurate limb:1.2), bad composition, inaccurate eyes, extra digit, fewer digits, (extra arms:1.2), bad hand

Size: 1280×1024

darkSushiMixMix_225D.safetensors[cca17b08da]

darkSushiMixMix_225D.safetensors[cca17b08da]

이렇게 정말 여러 가지 방법으로 우회하거나 응용하면서 원하는 방향으로 이미지를 생성하는 과정은 생각보다 번거로운 일일 수 있습니다. 하지만 이제 처음 툴을 접해 보는 과정에서 어떻게 사용하는 것이 편할지는 본인의 판단에 달려 있습니다. 막힌다고 좌절하지 말고 시도해 보세요! 분명히 원하는 길이 보일 것입니다.

다음은 여러 가지 프롬프트를 사용해 만화·웹툰, 애니메이션 등에 특화해 생성한 배경 이미지들입니다. 프롬프트들을 참고해 원하는 이미지를 만들어 보세요.

Scenery of a rural bookstore, Create a ultra detailed Colorful Lofi cartoon, detailed lofi cartoon 8k —ar 16:9 —v 5.1

The end of the world looked like a sweet cotton candy

School, outside, day light

Animation background, sweet, flat color, line art

Animation background, sweet

Scenery of a rural bookstore, Create a ultra detailed Colorful Lofi cartoon, detailed lofi cartoon 8k —ar 16:9 —v 5.1

Black and gray tone, Vertical line comic effect, only background image, comic cut

Chapter 6

Comic effect, Black and glay tone, a hopeless background, only background image, comic cut

City view, eye level, no yellow and red tone, afternoon, blue sky, morden building, glass

City view, roof top office, night, blue sky, morden building, glass window

Atlanta city, city view, bird eyes view, roof top, night, colorful, morden building, glass window

Chapter 6

The tall buildings make a scene, in the style of multi-panel compositions, light sky-blue, commercial imagery, minimalist cartooning, creative commons attribution, pixelated pop art, multiple screens

Waikiki seaside

Chapter

7 캐릭터시트와 **로라 만들기**

캐릭터시트 만들기

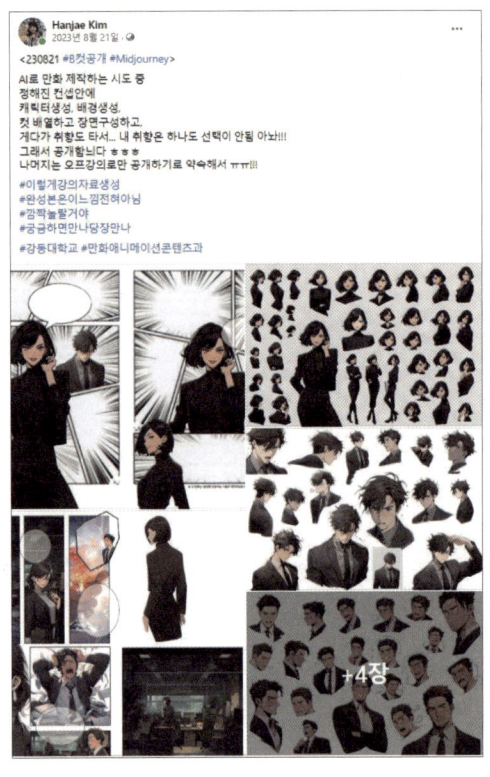
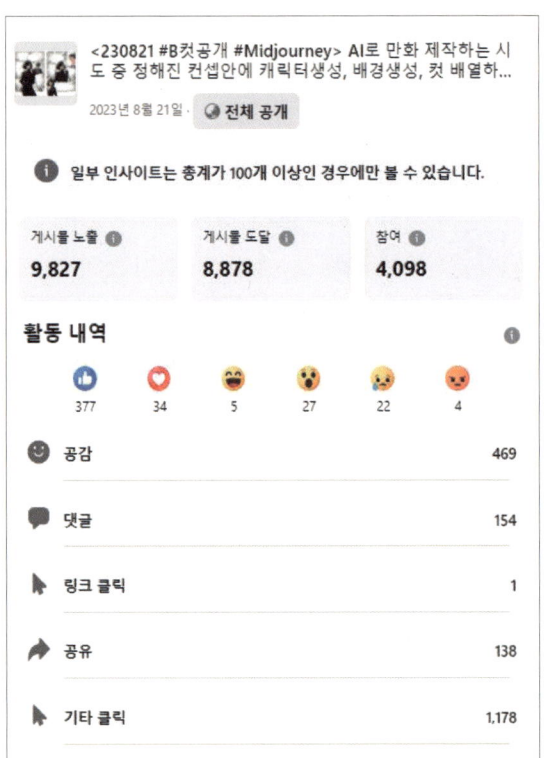

필자가 제작하던 만화 프로세싱 중 일부를 페이스북에 게시를 한 적이 있는데, 이것이 소위 말하는 대박 포스팅이 됐습니다. 평소에는 페북 지인 위주로 근황을 공유하던 곳이라 많은 관심을 받던 페이스북이 아니었는데 갑자기 반경이 넓어진 것을 체감했던 순간이었습니다. 아마도 캐릭터시트를 제작한 이미지 때문이었던 것 같은데, 가장 많이 받았던 질문이 "어떻게 캐릭터의 일관성을 뽑아 낼 수 있었느냐?"와 "다양한 포즈와 표정을 어떻게 만들 수 있었느냐?"였습니다.

그도 그럴 것이 그동안의 미드저니는 예쁜 이미지는 쉽게 뽑아 주긴 했지만, 2컷 이상의 이어진 스토리를 만들기에는 대부분의 이미지가 랜덤이었으니 말입니다. 이런 상태에서 만화를 만들어 보겠다고 겁도 없이 덤볐고 단 1페이지짜리 만화였지만 해당하는 컷에 들어갈 캐릭터의 표정과 연기가 포함된 컷이 생성됐어야 했는데 캐릭터가 마음대로 만들어지지 않아 좌절하기를 몇날 며칠, 캐릭터 설정에 관련한 프롬프트를 입력하고 캐릭터를 쉽게 오려 낼 수 있도록 하얀 바탕으로 설정하다가 우연히 캐릭터 설정을 할 때 사용하던 용어를 프롬프트에 입력해 봤고 여기에서 드라마틱한 아웃풋을 건질 수 있었습니다.

character sheet, turn around, white background
various expressions, happy, sad, angry, smile
Multiple pose and expressions, various facial expressions and movements

그리고 Zoom Out 2x, Zoom Out 1.5x

1. Character Sheet, Turn Around, White Background:

'캐릭터시트'는 캐릭터의 외형적 특징을 자세히 보여 주는 데 사용합니다. '턴 어라운드(turn around)'는 캐릭터를 다양한 각도에서 보여 주면 캐릭터의 모든 면을 파악하는 데 도움이 됩니다. '화이트 배경(white background)'은 불필요한 배경을 만들지 않으므로 캐릭터를 따로 떼어 내는 데 매우 유용합니다.

2. Various Expressions, Happy, Sad, Angry, Smile, Multiple Pose and Expressions, Various Facial Expressions and Movements:

'다양한 포즈와 표정, 얼굴 표정 및 동작'은 캐릭터의 신체적 특성과 동작을 보여 줍니다. 이는 캐릭터가 어떻게 움직이고 반응하며 상황에 따라 다르게 행동하는지를 시각적으로 표현해 줍니다.

원하는 캐릭터의 외형적인 특징, 의상 등과 함께 위의 프롬프트를 입력하면 하나의 캐릭터에 다양한 표정, 각도를 생성할 수 있습니다.

그렇게 지정한 캐릭터 이미지를 업스케일한 후 Zoom Out 2x[17], Zoom Out 1.5x[18]을 무한 반복해 눌러 줬습니다. [Zoom] 옵션을 사용해 확장한 이미지들은 조금씩 일그러지거나 불완전한 이미지로 생성되는 경우도 많고 원하는 느낌의 표정이 없을 수도 있기 때문에 최대한 많은 이미지를 생성한 후 골라 내서 캐릭터시트를 만들었습니다. 이 과정은 대중교통 등을 이용하면서 집중할 수 없는 시간 등을 이용하는 것이 좋습니다. 이 작업만을 위해 컴퓨터 앞에 앉아 있는 것은 너무 지루하고 답답할 일이니 말입니다. 다행히 미드저니는 스마트폰을 통해서도 작동하기 때문에 시간과 장소에 구애받지 않고 이 작업을 어렵지 않게 수행할 수 있었습니다.

그다음은 그렇게 무작위로 만들어진 이미지들 사이에서 쓸 만한 페이스를 찾아 모으는 작업을 합니다. 올가미로 오려 붙여와 흰색 바탕을 날려 주는 작업을 하면 됩니다. 이때 모으는 양은 만화·웹툰의 분량에 따라 결정됩니다.

한 페이지에 대략 2~6컷의 칸에 등장하게 되므로 미리 짜 둔 콘티를 보면서 대략 사용될

[17, 18] 업데이트 이후 Zoom 옵션은 캐릭터 외관성에 관여하지 않게 되었습니다. 현재(2024년 3월)는 pan 옵션과 —cref, —sref 기능으로 캐릭터 일관성을 구현합니다. 반복하여 원하는 캐릭터를 select하는 것은 동일합니다.

캐릭터의 양을 가늠해 보면 됩니다. 가끔 장편 연재도 가능하냐고 물어 보는 분도 있는데 가능하기는 합니다. 작가들은 대부분 직접 그리는 것이 편하기도 하기 때문에 적당히 짜깁기 편집을 한 후에 리터칭으로도 충분히 커버가 가능합니다.

3. 5장의 캐릭터 설정 시트로 캐릭터 이미지 뽑아내기

5장에서 작성된 캐릭터 설정 시트를 활용해 캐릭터 이미지를 뽑아 내면 생각했던 것보다 더 멋진 이미지를 생성할 수 있습니다.

프롬프트 예시

다음 프롬프트를 사용해 생성해 보겠습니다.

> character sheet, turn around, white background, Multiple pose and expressions, various facial expressions and movements, A 17-year-old Asian high school girl with long black hair that falls below her shoulders, deep brown eyes, and pale skin with dark circles under her eyes. She wears a neat but conservative school uniform with a plain dark grey cardigan, a simple silver necklace, and black loafers. Her expression is introspective and she has a responsible, organized, and perfectionist air about her, preferring to listen rather than speak, enjoying solitude but sometimes feeling isolated

Zoom Out 2x 옵션 적용

다음은 해당 도출 이미지에 Zoom Out 2x 옵션을 사용해 생성한 이미지들입니다. 가장 먼저 만들어 둔 이미지는 고정되고 사방으로 새로운 이미지가 생성된 것을 볼 수 있습니다. 괜찮은 이미지를 건질 확률은 1개의 새로운 블록당 2개 정도입니다. 다음 이미지를 사용하면 대략 30개의 캐릭터 설정이 들어간 시트를 제작할 수 있습니다.

전신을 만들고 싶을 때

전신을 만들고 싶을 때는 다음과 같은 프롬프트를 작성합니다.

> Character body sheet
> (walking) movements 특정 동작
> Turn around (and walk) 특정 동작

다만, 턴어라운드만을 지정해 줬을 경우에는 게임 캐릭터 설정처럼 경직되고 일관적인 포즈가 생성되고, 특정 동작에 관한 지시가 강할 경우에는 다양한 전신 무브먼트를 생성할 수 있지만, 이때 얼굴이나 캐릭터의 디테일까지 생성하기 어렵습니다. 결국 얼굴과 의상을 입은 보디 부분을 따로 생성해서 붙이는 방법을 사용했습니다.

턴어라운드만 지정해 줬을 때 vs. 동작 중심으로 설정해 줬을 때

스타일 유지하며 캐릭터 표정과 동작 변형해 보기

01 간단한 설정을 입력해 캐릭터를 생성해 봤습니다.
캐릭터시트, Kpop 스타일의 소년, 은발, 투블럭 헤어, 붉은 눈동자, 교복, 전신 샷, 화이트 백그라운드
세로 이미지를 위해 --ar 9:16을 입력했습니다. --ar 3:4 비율도 좋습니다.

> character sheet, kpop style boy, silver hair, two cut hair, red eyes, school uniform, full body, white background --ar 9:16 --niji 6

02 마음에 드는 이미지가 생성된 최초의 세트에서 우측상단의 스마일(반응 추가하기) 아이콘을 클릭해 편지봉투 아이콘을 선택해 클릭합니다. (편지봉투가 보이지 않을 때는 검색창에 'envelope'를 입력해 찾으면 됩니다.) 이것은 bot에서 나에게 다이렉트 메시지로 시드 값을 알려 주는 옵션입니다.

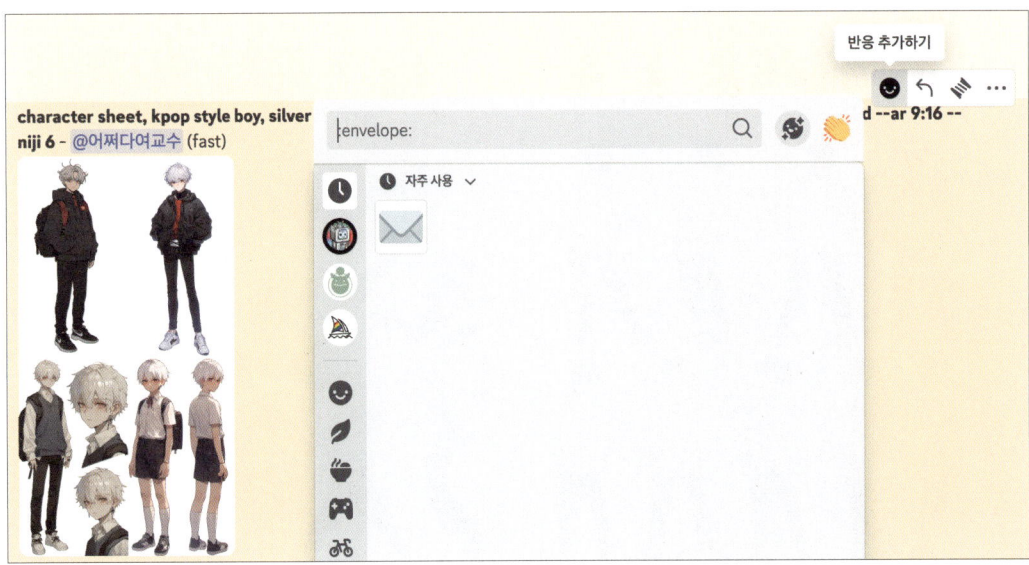

03 다이렉트 메시지를 열어 보면 이미지 정보를 확인할 수 있습니다. 여기에서 시드 값을 복사해 사용합니다.

--sref seed를 이용하면 간단한 프롬프트로 다양한 스타일 생성이 가능합니다.

 04 최초 4컷의 이미지 중에서 마음에 드는 캐릭터를 선택해 우클릭한 후 이미지 주소를 복사합니다.

Image URL https://cdn.midjourney.com/caafceb6-fbb9-4447-9bbf-a2e24372879a/0_1.png

05 위의 링크를 복사한 후 /image prompt에 입력하고(변화를 주고 싶은 요소), 최초 사용했던 프롬프트를 입력합니다.

/image prompt URL(변화를 주고 싶은 요소), 기본 설정 프롬프트 사격, 액션을 추가한 후 마음에 드는 컷을 선택했습니다.

> https://s.mj.run/FTTZ9lr1rE8 shot gun, Action, character sheet, kpop style boy, silver hair, two cut hair, red eyes, school uniform, full body, white background --ar 9:16 --niji 6

06 (변화를 주고 싶은 요소)에 원하는 요소를 입력해 여러 가지 동작을 구현해 봤습니다. 완벽하지는 않지만, 어느 정도 일관성을 유지하는 것을 확인할 수 있습니다.

| runing | dancing, Action | crying |

이 밖에도 여러 가지 방법을 찾아 캐릭터를 설정하는 방법을 찾을 수 있을 것 같습니다. 공식적인 매뉴얼은 충분하지 않지만, 창의적이고 상세한 텍스트 프롬프트를 작성함으로써 스타일을 유지하며 캐릭터를 생성하는 것을 달성할 수 있습니다.

1. 명확한 스타일 지정

캐릭터를 생성할 때 특정 스타일이나 시대, 장르를 명확히 지정하세요. 예를 들어, "1970년대 스타일의 여성 캐릭터", "사이버펑크 미래 도시의 유튜버"와 같이 구체적으로 기술합니다.

2. 세부 묘사 추가

캐릭터의 외모, 옷차림, 소품, 표정 등을 상세하게 묘사하세요. 이러한 세부 사항은 AI가 원하는 방향으로 이미지를 생성하도록 돕습니다.

3. 감정과 포즈 명시

캐릭터가 전달해야 하는 감정이나 특정 포즈도 프롬프트에 포함시키세요. 예를 들어, "희망찬 미소를 짓고 있는", "총을 들고 당당하게 서 있는" 등으로 표현할 수 있습니다. 팬

(Pan) 동작을 통해 추가 입력하는 프롬프트는 감정이나 표정의 단어를 사용합니다. sad::2 smiling::2 angry::2

4. 작품 참조

특정 아티스트의 작품이나 유명한 캐릭터 스타일을 참조하고 싶다면, 그 스타일이나 작품의 분위기를 닮은 설명을 사용하세요. 단, 직접적인 이름 사용은 저작권 문제를 야기할 수 있으므로, 주관적이거나 사전적인 설명으로 간접적인 영감을 전달하는 것이 좋습니다.

5. 반복과 수정

원하는 결과물을 얻기까지 여러 번의 시도와 프롬프트의 수정이 필요할 수 있습니다. 초기 결과물을 바탕으로 세부 사항을 조정하거나 스타일을 더 명확히 해서 원하는 이미지가 나올 때까지 시도해보길 바랍니다.

6. 커뮤니티의 피드백 활용

미드저니나 다른 AI 이미지 생성 툴을 사용하는 커뮤니티에서 피드백을 받아보세요. 다른 사용자들의 경험이나 팁이 도움이 될 수 있습니다.

스타일을 유지하며 캐릭터를 생성하는 것은 시행착오의 과정을 통해 점차 완성도를 높여가는 과정입니다. 창의적인 프롬프트 작성과 여러 시도를 통해 원하는 캐릭터의 이미지를 성공적으로 생성해 보세요.

2024년 2월 1일 공지사항에서 다음과 같은 기능이 추가된다고 예고된 바 있습니다.

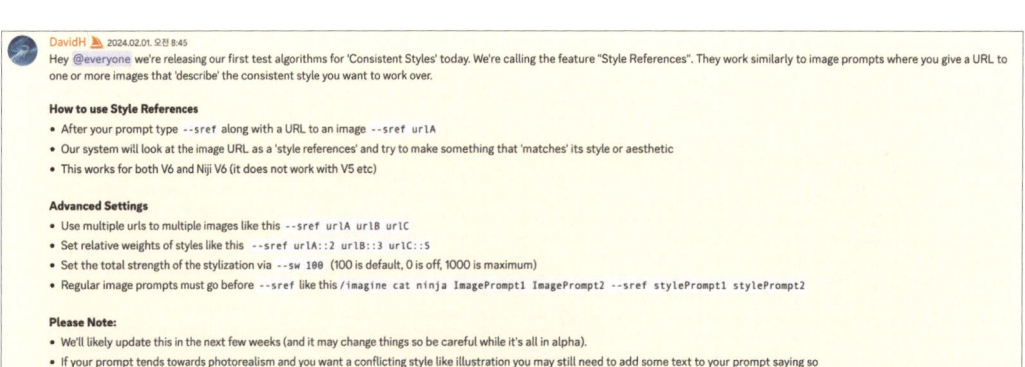

- **--sref:** 여러 개의 링크 믹스로 그림체, 분위기, 스타일 참조 --sref urlA::2 urlB::3 urlC::5, --sw 100(100 is default, 0 is off, 1000 is maximum)
- **Consistent Character:** --cref와 비슷하지만 캐릭터의 일관성 유지가 가능
- **pose controlnet:** 스테이블 디퓨전의 Open Pose와 같은 기능일 가능성이 있습니다.

--sref를 사용해 캐릭터의 표정과 동작 변형해 보기[19]

해당 캐릭터 이미지의 최초 프롬프트는 Chibi, cute girl character sheets, big eyes, multiple poses and expressions, manga style, red slim dress, red long wave hair, white background --niji 6입니다. 이미지를 선택한 후 브라우저로 열고 우클릭해 링크를 복사합니다. 그리고 --sref를 사용해 일관성이 유지된 다양한 추가 이미지를 생성합니다.

---

[19] --sref는 3월 12일 업데이트했습니다.

/image prompt(원하는 동작, 표정 등) --sref(복사한 이미지 링크)
vary와 pan 등을 적절히 사용하면서 원하는 동작과 표정을 얻어 낼 수 있습니다.

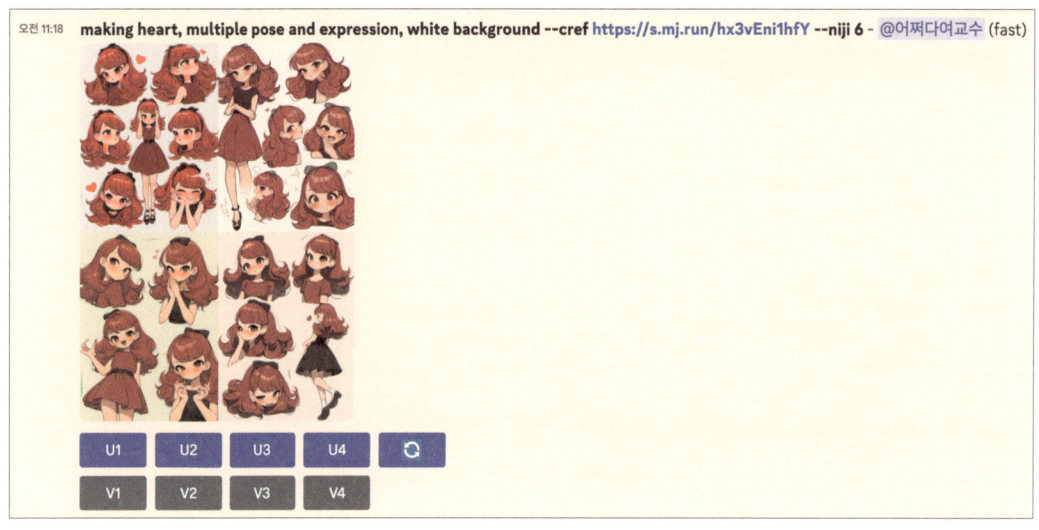

이렇게 생성된 이미지들을 모아 캐릭터 시트로 만들어 둡니다. 이 작업은 포토샵에서 바탕은 투명으로 설정하고 각각의 레이어를 살려 제작했습니다.

로라 만들기

도움: 조지훈(엘프) 작가

가장 핵심적인 부분 그리고 작가들이 가장 원하는 부분은 캐릭터의 일관성 그리고 연출이 가능하냐는 것입니다. 로라(LoRA)는 스테이블 디퓨전 모델을 미세 조정하기 위한 훈련 방법 중 하나입니다. 예를 들어 우리의 모습을 생성하는 이미지 모델을 훈련하고 싶다고 가정해 보겠습니다. 모델을 처음부터 훈련하는 것은 매우 비싸고 대부분의 사람에게는 부담이 됩니다. 새 모델을 처음부터 훈련하는 대신, 기존 모델을 시작점으로 재사용할 수 있습니다. 예를 들어 Stable Diffusion v1.5와 같은 모델을 적은 양의 데이터세트(우리의 이미지)로 훈련해 현실적인 이미지를 생성하는 광범위한 과제와 우리의 모습을 생성하는 좁은 과제에 동시에 능숙한 모델을 만들 수 있습니다. LoRA 학습 툴의 대표적인 예로는 Kohya's GUI를 들 수 있습니다.

1. 로라와 드림부스의 차이점

드림부스(Dreambooth)는 캐릭터, 스타일과 같은 개념에 모델을 훈련시키는 또 다른 미세 조정 기술입니다. 실질적으로 드림부스와 로라는 동일한 목표를 달성하려고 합니다. 차이점은 드림부스가 전체 모델을 업데이트하는 반면, 로라는 모델 외부의 작은 파일을 출력한다는 것입니다. 이는 드림부스 훈련이 완전한 체크포인트 모델을 생성하는 반면, 로라 파일은 기존의 체크포인트 모델과 결합해 사용해야 한다는 것을 의미입니다. 하지만 로라도 잘 훈련한다면 드림부스 모델에 못지않은 품질을 제공합니다. 로라의 장점은 훈련 과정이 훨씬 빠르고 GPU 요구 사항이 낮으며 출력이 작아서 상대적으로 접근하기 쉽습니다.

2. 로라 훈련의 복잡성

로라 훈련에 대한 대부분의 질문에 대한 답은 "상황에 따라 다르다."입니다. 다양한 설정에 따라 다른 데이터세트와 하드웨어가 있을 수 있습니다.

3. 훈련 이미지 수

얼굴에 초점을 맞춘 50~100개의 훈련 이미지를 사용합니다.

4. 이미지 캡션

이미지에 태그 스타일 캡션을 사용합니다(예 "1 girl, woman, pink shirt") 자연어 캡션 스타일("hanjae, a woman wearing a pink shirt")도 사용할 수 있습니다.

5. 이미지 형식 권장 사항

모든 이미지는 완벽한 1:1 정사각형이어야 합니다(로라 훈련을 위해 반드시 정사각형 이미지가 필요한 것은 아니지만, 이는 오류 범위를 줄여 줍니다). bulkimagecrop.com을 사용하면 이미지를 일괄 정사각형으로 크롭할 수 있습니다.

6. 이미지 사양

1,024×1,024보다 큰 크기를 권장합니다. 큰 이미지를 찾기 어렵다면, 512×512 이상도 허용됩니다. 그보다 작은 이미지를 너무 많이 사용하면 SDXL LoRA의 품질이 떨어질 수 있습니다. 얼굴 로라를 생성하기 위해 얼굴에 초점을 맞춘 증명 사진 크기로 조정합니다. 훈련 대상을 다양한 각도와 조명의 이미지로 준비하세요. 그리고 JPEG, PNG, WEBP 형식의 이미지를 사용하세요.

7. 제외해야 할 이미지 유형

① 대상이 다른 물체에 의해 부분적으로 가려진 이미지
② 스타일이나 포즈가 이상한 이미지
③ 다른 사람이 이미지에 포함된 경우(이미지 가장자리에 다른 사람의 얼굴이나 손이 보이는 것도 피해야 합니다)
④ 이미지가 흐릿한 경우(저해상도 스크린샷이나 사진)
⑤ 손이 얼굴을 너무 많이 가리는 경우
⑥ 각도나 시점이 너무 동적인 경우
⑦ 대상과 실제로 닮지 않았거나 해상도가 낮은 경우

8. 이미지 배치

① 선택된 모든 이미지를 동일한 폴더에 배치합니다.
② 로라 학습을 위해서는 다음과 같은 폴더가 필요합니다. 미리 만들어 둡니다.

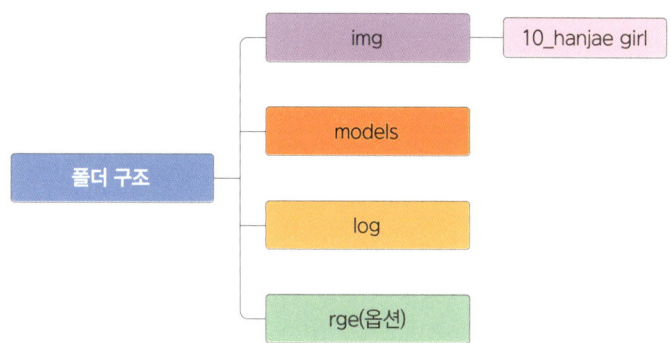

❸ **Img** : 이미지 폴더입니다. 폴더 안에는 반복_학습할 이름 종류 형태로 서브 폴더를 만든 후, 그 안에 이미지와 태그 파일을 집어넣게 됩니다.

❹ **Models** : 모델이 저장될 위치입니다.

❺ **log** : 로그 파일이 저장될 위치입니다.

❻ **rge** : 정규화 이미지가 들어가는 곳입니다. 최근에는 사용하지 않는 추세입니다(없어도 잘됨).

다음은 10_hanjae girl 폴더의 모습입니다. 태그 파일과 이미지 파일이 함께 들어 있습니다.

이미지 태그 넣기

이미지를 학습하기 위해서는 먼저 해당 이미지가 무엇을 의미하는지에 관한 태그 입력이 필요합니다. 태그 입력은 [WebUI]의 [tagger 익스텐션]을 이용합니다.

[Batch from Directory]에 이미지 폴더를 입력한 후 [Additional tags] 항목에는 학습하고 싶은 태그 이름을 입력합니다. 입력하면 모든 태그 문서에 해당 태그가 들어갑니다.

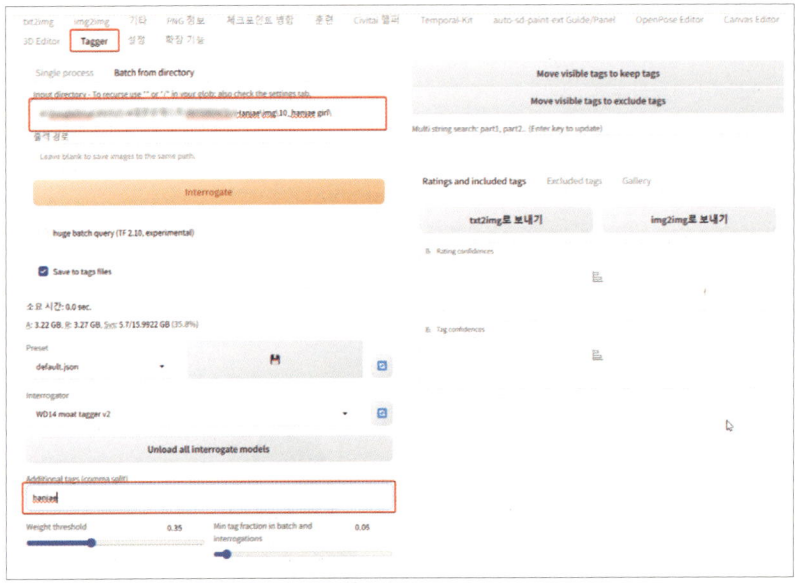

입력한 후 [Intrrogate] 버튼을 클릭하면 태그 파일을 설정합니다.

태그 파일의 내용은 다음처럼 태그가 포함된 txt 파일입니다.

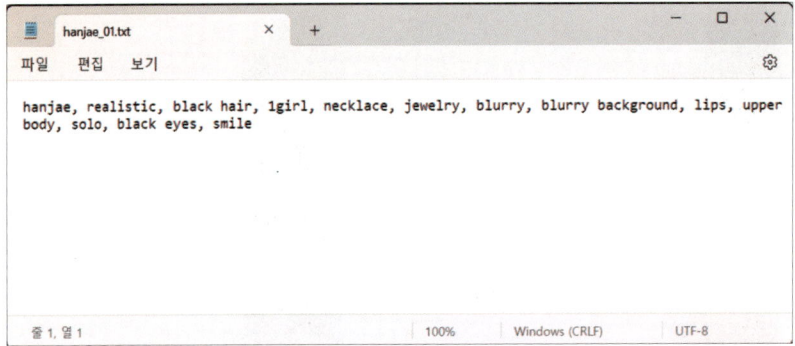

로라 학습 UI

로라 학습은 [Lora] 탭에서 진행됩니다.

먼저 [Source Model]에서 어떤 모델을 기반으로 학습할 것인지를 설정합니다. 자주 사용하는 모델을 설정하는 것이 좋습니다.

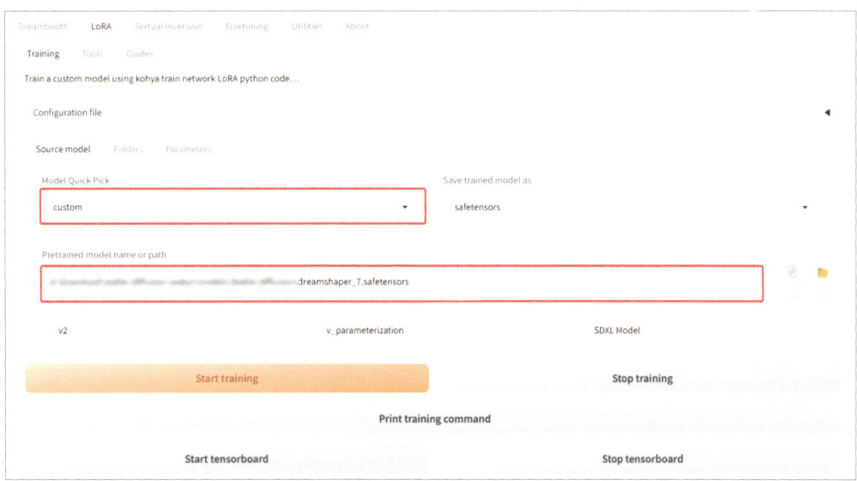

그다음 [Folders] 탭에서 폴더와 학습 로라 이름을 설정합니다. 폴더는 앞서 생성한 폴더들을 입력하면 됩니다.

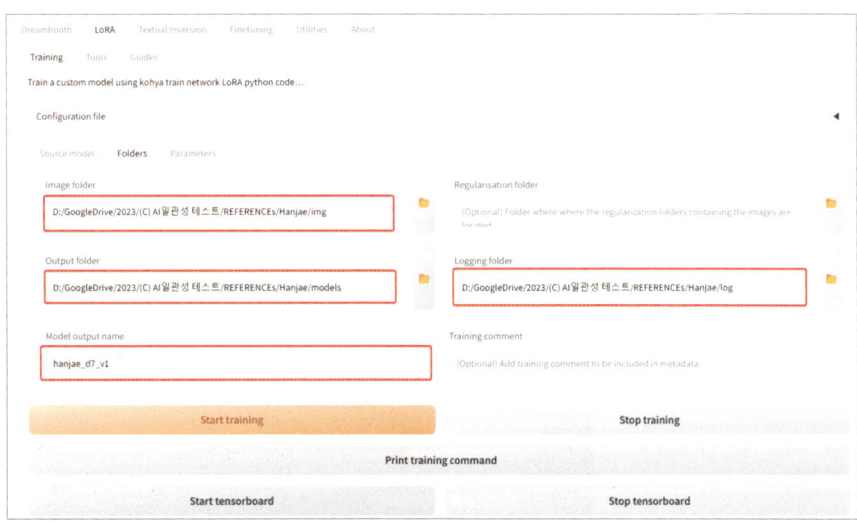

그다음으로 매개변수는 테스트를 하면서 조정합니다.

기본 세팅

그런 다음 [Start Training]을 클릭해 학습하면 됩니다. 이미지의 양에 따라 30분~2시간 정도 걸린다고 생각하면 됩니다.

GPU를 꽤 소모하므로 그래픽카드를 사용하는 다른 작업은 잠시 놔 두는 것이 정신 건강에 좋습니다. 포토샵이나 클립스튜디오 같은 프로그램을 함께 쓰면 속도가 느려지거나 블루스크린이 나타날 수도 있습니다.

학습이 끝나면 [Models] 폴더에 학습 모델이 생성됩니다. 다른 로라처럼 로라 폴더에 복사해 사용하면 됩니다. 로라를 적용한 이미지입니다. 다양한 체크포인트를 적용해 작품을 제작해 봅시다.

실사 이미지

실사 이미지

(많이 미화된) 반실사 이미지

(많이 미화된) 반실사 이미지

애니메이션 스타일

애니메이션 스타일

만화체 스타일

만화체 스타일

Chapter 8 미드저니와 스테이블 디퓨전을 이용해 편집하기

미드저니 작품 제작 과정

1. 콘티 작성

일러스트레이터를 사용해 만화의 콘티(스토리보드)를 구성합니다. 이 단계에서는 페이지 레이아웃, 캐릭터 배치, 장면 전환 등의 기본적인 구성을 정합니다. 인공지능 기능이 탑재된 일러스트레이터를 사용하면 콘티 작성 시 이미지를 쉽게 추가하거나 조정할 수 있습니다. 물론 이 부분은 선택 사항이며 방법적인 부분만 제시해 본 것이므로 참고만 하기 바랍니다.

2. 이미지 생성

콘티를 바탕으로 원고에 사용될 이미지를 미드저니를 사용해 생성합니다. 이때, 콘티에서 설정한 장면, 캐릭터, 분위기에 맞는 이미지를 생성합니다. 미드저니로 생성한 이미지는 원고의 중요한 시각적 요소를 제공합니다.

3. 포토샵 작업

생성된 이미지를 포토샵으로 가져와 세부 조정을 합니다. 이에는 이미지 자르기, 크기 조정, 배치 변경 등의 과정이 포함됩니다. 포토샵에서의 작업은 이미지들을 만화 페이지에 맞게 정밀하게 편집하는 데 중요합니다.

4. 일러스트레이터에서 최종 완성

수정 및 편집된 이미지들을 최종적으로 일러스트레이터에 가져와 완성합니다. 이 단계에서는 전체 페이지 레이아웃, 텍스트, 대화 박스 등을 추가하고 조정합니다.

단발머리 여주인공 캐스팅하기

> ※ 본문을 위해 제작된 작품은 AI 기술의 가능성을 탐구하고 전통적인 만화 제작 방식에 현대적인 접근을 시도해 보기 위해 만화 관련 에셋이나 소재를 사용하지 않고 최대한 인공지능만을 사용해 원고를 완성했습니다.

1. 콘티 작성: Adobe Illustrator AI 사용 가이드

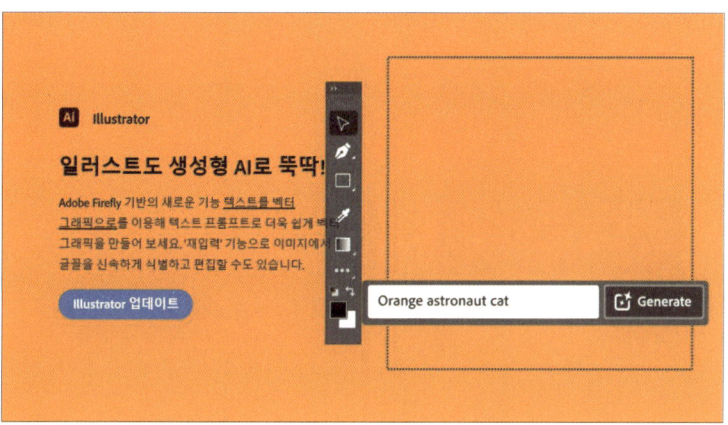

❶ 벡터 그래픽 생성 준비

상황에 맞는 벡터 그래픽을 빈 캔버스에 생성할 수 있습니다(2023년 9월 릴리스(버전 27.9) 기준). 사각형 도구를 사용해 벡터 그래픽의 자리 표시자를 추가합니다.

❷ 벡터 그래픽 유형 선택

- 사각형을 선택 도구로 선택한 후 상황별 작업 표시줄에서 [생성]을 선택합니다.
- [벡터 그래픽 유형 선택]에서 다음 옵션 중 하나를 선택합니다.
- **피사체**: 배경 없는 세밀한 벡터 요소 생성
- **장면**: 전체 벡터 장면 생성
- **아이콘**: 배경 없이 세밀함이 낮은 벡터 요소(아이콘 세트 및 로고용) 생성

❸ 프롬프트 입력

- [속성] 패널에서 [텍스트를 벡터 그래픽으로] 섹션에 접근하거나 [창] – [텍스트]를 벡터 그래픽에서 접근합니다.
- 프롬프트 필드에 원하는 출력에 대한 설명을 입력합니다. 샘플 프롬프트를 선택한 후 옵션 중 하나를 선택할 수도 있습니다.

 프롬프트 작성 팁

효과적인 텍스트 프롬프트를 위해 간단하고 직접적인 표현을 사용하세요. 설명, 문자, 색상, 장면이 포함된 3~8개의 단어를 권장합니다. 다음은 어도비에서 제안하는 프롬프트 작성 요령입니다.

1. 구체적으로 작성하십시오
프롬프트에 최소 3개의 단어를 사용하고 생성 또는 만들기와 같은 단어를 사용하지 마십시오. 주제, 설명자 및 키워드가 포함된 간단하고 직접적인 언어를 사용하십시오.

2. 서술적으로 작성하십시오
서술할 수 있다면 만들 수 있고 자세히 서술할수록 가능성은 무한합니다. 상상력을 마음껏 펼쳐 무엇을 생각할 수 있는지 알아보십시오.

3. 독창적으로 작성하십시오
자연어를 사용해 느낌, 스타일, 조명 등 달성하고자 하는 바를 설명함으로써 파이어플라이(Firefly)를 푸시해 특별한 결과를 만들어 보십시오.

4. 공감적으로 작성하십시오
자신의 창작물에 공감을 불어넣어 노이즈를 줄이고 목표 청중에게 다가가십시오. 그들에게 중요한 것이 무엇인지 생각해야 합니다. 사랑, 부드러움, 장난기와 같은 단어를 사용해 훈훈한 이미지를 생성하거나 강력함, 강인함, 기분이 좋아짐 같은 단어를 사용해 영감을 주는 이미지를 만들어 보십시오.

---

❹ 출력 옵션 조정

[활성 아트보드 스타일 일치]를 통해 출력 스타일을 조정합니다. [설정]으로 출력의 세부 수준을 조정하거나 [스타일 선택기]로 기존 벡터 또는 이미지에서 스타일을 선택합니다.

❺ 벡터 출력 변형 및 선택

상황별 작업 표시줄에서 [생성]을 선택하면 벡터 출력의 변형이 [속성] 패널에 표시됩니다. 화살표를 사용해 변형을 미리 보고 아트워크에 가장 적합한 변형을 선택합니다. 다음은 각 페이지별로 아트보드를 만들어 칸 레이아웃을 한 후 프롬프트 입력을 통해 콘티를 제작한 화면입니다. 이 과정을 통해 전체적인 페이지 흐름을 한눈에 확인할 수 있으며 어떤 이미지를, 어떤 연출로 만들어야 할 것인지 명확하게 알 수 있습니다.

사실, 출력물로 제작하기 위해 열어 본 일러스트레이터였기 때문에 칸 레이아웃만 잡고 작업을 하려던 것이었는데 이 기능이 있다는 것을 발견하고 우연히 사용해 본 사례입니다. 연습장에 러프하게 스케치해 둔 콘티가 있어서이기도 했지만 해당 이미지 작업을 하는 데 2시간이 채 소요되지 않았습니다.

다음 작업을 하기 위해 사용된 옵션은 타이핑+네모 박스+AI로 이미지 채우기 이렇게 3가지입니다.

2. 이미지 생성

다음은 콘티를 기반으로 생성한 주요 이미지 생성 과정입니다.

prompt Character sheet, various facial expressions and movements, turn around, white background, many bob hair with bangs, pretty 12-year-old Asian girl, happy personality who likes to wear **school look clothes**

> **prompt** Character sheet, various facial expressions and movements, turn around, white background, bangs, pretty 12-year-old Asian girl, happy personality who likes to wear **hip hop style clothes. Kpop style**

원래 주인공 캐릭터는 앞 이미지의 좀 더 어린 단발머리 여자아이였지만, 우연히 생성된 K-Pop 스타일의 캐릭터를 버리지 못했습니다. 주인공으로 선택한 후에는 최대한 다양한 표정과 각도의 페이스를 베리에이션해야 했기 때문에 이동하는 시간에는 무조건 [Zoom out][20] 버튼을 눌러 무한 생성했습니다. 다음과 같은 이미지가 한동안 가득이었는데 각 블록이 100개가 훨씬 넘는 양이었습니다. 그중에서 사용할 만한 표정의 페이스를 골라 캐릭터시트를 만들었습니다. 사실 6페이지의 짧은 작품이었고 어떤 표정과 동작이 있어야 하는지나 분량도 14컷으로 이미 결정된 상태였기 때문에 시간이 없으면 사용할 만큼만 골라 내도 됩니다.

이는 단순 노동과 같은 과정으로, 주로 버스로 이동할 때나 약속 시간 중 기다리는 시간 등을 활용해 생성했습니다.

[20] 144쪽에 언급한 바와 같이 업데이트 이후에는 pan, --cref, --sref 기능을 활용합니다.

prompt a little fairy with wings, Character body sheet, turn around, white background

prompt sweet home, window outside

prompt sweet home, window inside

prompt mystery, artificial intelligence, reasoning, background, aurora, smog, paper background

img2img로 배경 생성하기

prompt On the way to school, just the background

작품에서 배경으로 사용된 미드저니의 이미지입니다. img2img 그리고 On the way to school, just the background에 cherry blossoms 프롬프트를 추가로 입력해 생성했습니다.

간단한 스케치로 배경 생성하기

txt2img에서 간단한 스케치를 할 수 있습니다. 옵션의 [Enable]에 체크 표시를 하고 [Control Type]을 클릭하면 선택 창이 나타나는데, 여기에서 [Scribble]를 선택합니다. 이때 [Preprocessor]의 [scribble/Sketch], [Model]이 [control_v11P_sd15_scribble]로 지정됐는지 확인합니다. 그리고 [Open new canvas] 아이콘을 클릭해 캔버스를 연 후 대충 윤곽선을 그려 줍니다. 그리고 프롬프트에 원하는 내용을 입력하면 대략 원하는 위치와 셰입으로 이미지가 생성되는 것을 확인할 수 있습니다.

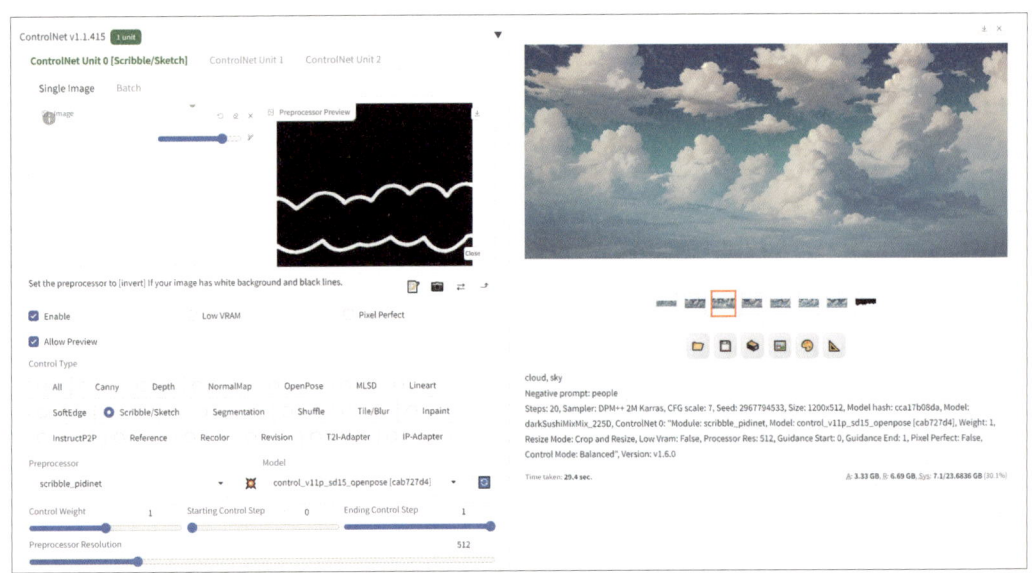

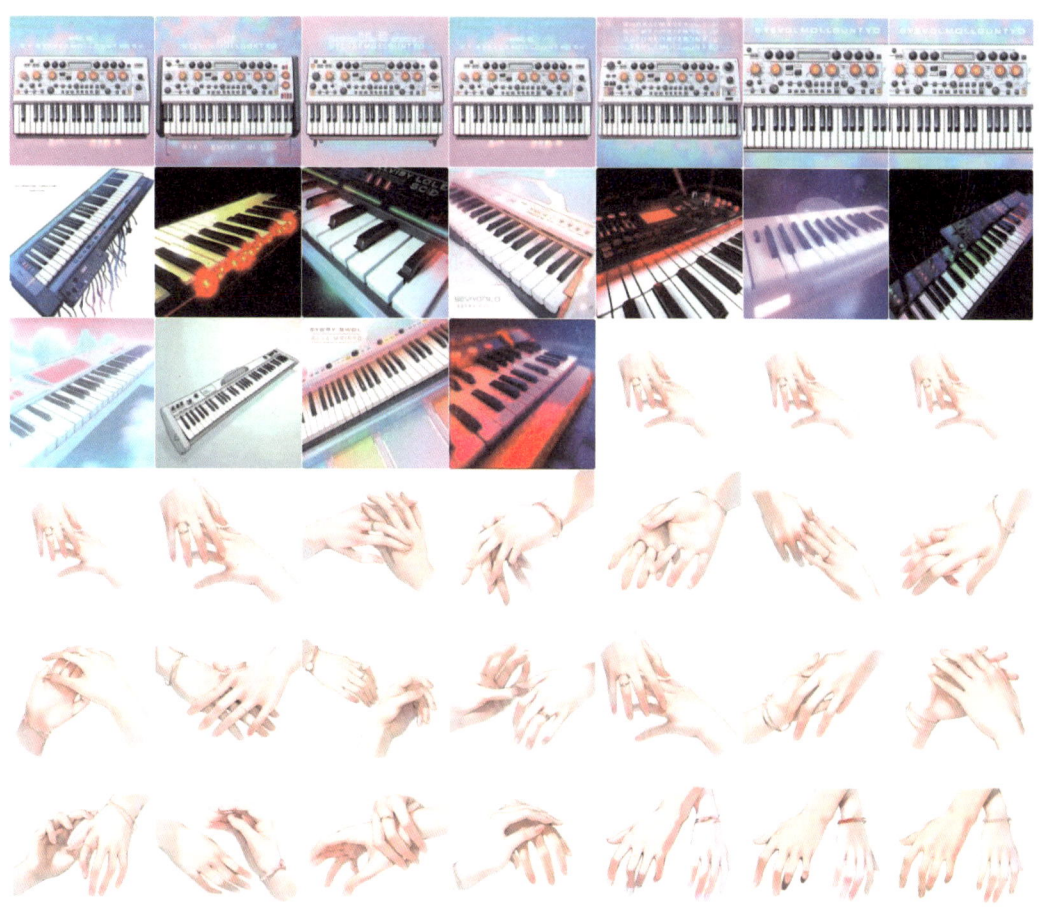

prompt Simple synthesizer keyboard, up side down eye level view
prompt The back of girl's hand side by side, hand close shot, white background

여전히 어려운 손 연기

- 처음에 손가락을 생성하려고 했을 때 'finger'와 'touch'의 조합으로 프롬프트를 입력했다가 18금 경고 메시지를 받아 당황하기도 했습니다. 그래서 프롬프트를 우회해 작성을 해야 했던 헤프닝도 있었습니다 (나중에 다시 작성했을 때는 무리 없이 만들어짐).
- Hand, point finger, side view: 원하는 손 표정이 나오긴 했지만, 각도를 맞추기 어려웠습니다.
- Girl play synthesizer keyboard, hand close shot: 키보드가 함께 생성될 경우, 원하는 앵글도 잘 나오지 않고 키보드와 손 위치 자체를 의도대로 놓기가 어려웠습니다.

prompt Student working on laptop in cafe with books in front of them

3. 포토샵 작업

컷 연출에 맞게 캐릭터를 배치해야 했으므로 최대한 비슷한 캐릭터가 해당 배경에 알맞은 동작을 하고 있는 이미지를 생성해야 했으며 캐릭터 또한 이 동작에 어울리는 각도와 표정의 페이스를 생성해야 했습니다. 이렇게 찾아서 오려 붙이는(저는 '바느질 공정'이라고 부릅니다) 과정을 거치고 완성됩니다.

다음 컷에 해당하는 장면은 노을이 뉘엿뉘엿 지는 시간대였기 때문에 캐릭터의 색감 조정이 필요했습니다. 캐릭터시트는 전반적으로 동일한 컬러로 생성되기 때문에 이렇게 시간대별 조명은 일일이 작업해 줘야 합니다.

캐릭터나 오브젝트는 화이트 백그라운드(White background)로 생성해 떼어내기 좋게 합니다. 다음은 배경+소파에 앉아 있는 소녀+캐릭터를 합쳐 편집한 컷입니다.

두 이미지의 차이점이 보이시나요? 캐릭터의 페이스를 교체해 주고 팔 동작과 다리의 폭 조정 등의 다음 포토샵 과정을 거쳐 원하는 방향으로 수정해 줬습니다.

이러한 과정을 거쳐 제작하는 데 얼마만큼의 시간이 들었냐는 질문을 많이 받았습니다. 앞에서 언급했듯이 가장 처음 캐릭터를 지정하고(이는 배우를 캐스팅하는 과정과 비슷한 것 같습니다. 정말 비슷하기도 하고 예쁜 이미지의 캐릭터들 중에서 고르기는 쉽지 않지만, 최대한 작품의 분위기와 맞는 캐릭터를 골라야 했으니 말입니다) 연기를 위한 표정, 각도 등을 생성하는 데 많은 시간을 들였습니다. 이렇게 메인 캐릭터의 캐릭터시트를 마련하는 시간은 제외하고 나머지 편집 과정에 소요된 시간만을 대략 생각해 보니 앞에서 언급한 것처럼 초반 캐릭터 생성 부분을 제외하고는 콘티를 보면서 이미지를 생성하는 과정과 포토샵에서 편집하는 과정만 필요했기 때문에 제작 시간은 상당히 빨라졌습니다.

초반 2페이지 작업을 했을 때는 4시간이 소요됐으며 나머지 4페이지를 작업하는 데도 4시간이 소요됐습니다. 물론 빠른 판단과 선택이 가능한 개인 작업일 경우일테고, 프로덕션 작업이나 의뢰받아 수행하는 경우는 조율 과정이 많이 필요할 것이기 때문에 체감하는 작업 시간은 많이 다를 것으로 예상됩니다.

이렇게 작업해 보니 개인 작가들이 필요한 부분을 선택하고 인공지능을 활용해 작업했을 때 가져올 수 있는 이점은 의외로 많아 보였습니다.

창작에 '정답'은 없고 '반드시'라는 조항도 없습니다. 최대한 할 수 있고, 쉽게 접근할 수 있으며 필요한 부분은 습득해서 적용하길 권유드리고 싶습니다. 이렇게 만들어진 작품은 총 6페이지 분량으로, 다음 페이지에서 보여드리겠습니다.

4. 일러스트레이터에서 최종 원고 편집 및 완성

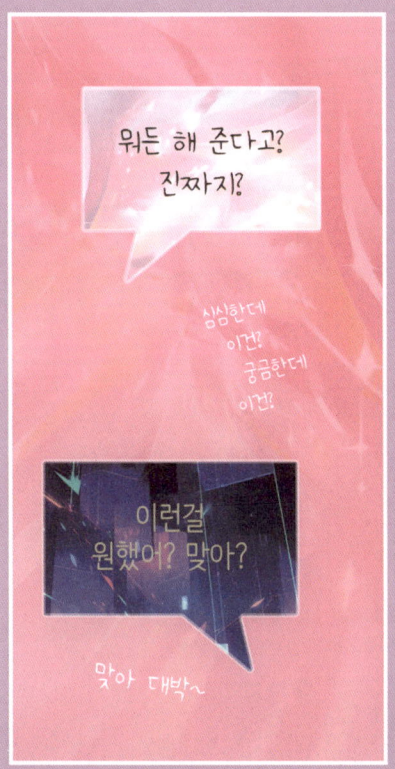

스테이블 디퓨전 작품 제작 과정

도구에 상관없이 만화·웹툰을 제작하려면 콘티 작성, 이미지 생성, 편집의 과정을 거쳐야만 합니다. 대부분의 공정 과정이 비슷하기 때문에 스테이블 디퓨전에서는 어떻게 해야 원하는 연출을 생성해낼 수 있을까에 집중하려고 합니다.

다음은 옥토끼 스튜디오의 최진규 작가님이 작업하고 있는 웹툰 작업 공정입니다. 배경 생성-엑스트라 생성-주인공 캐릭터 생성 - 이펙트 효과 추가 - 엑스트라 추가 생성과 최종 이펙트 추가해 완성한 장면입니다. 최종 편집은 클립스튜디오로 마무리했습니다.

스테이블 디퓨전의 장점은 원하는 포즈를 연출할 수 있다는 것입니다. 컨트롤넷(ControlNet)이나 오픈포즈(OpenPose)를 가장 많이 사용합니다.

위는 컨트롤넷을 사용한 작업으로, 3D 모델이나 사진을 가지고 와서 작업할 수 있기 때문에 조금 수월한 편입니다. 위 모델의 캐릭터를 간단한 프롬프트 입력으로 바꿔 볼 수도 있습니다.

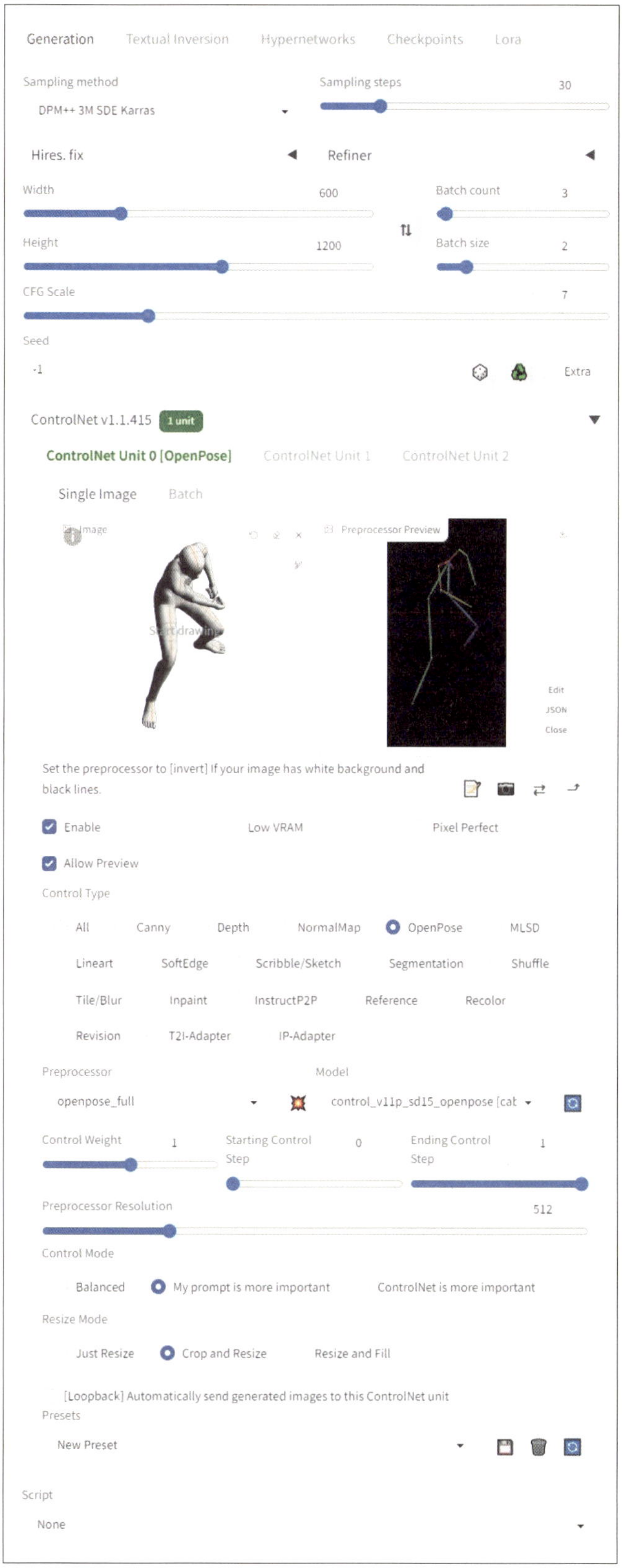

▲ 위의 이미지는 최진규 작가님이 사용한 포즈에 다른 프롬프트를 입력해 생성한 이미지입니다. 똑같은 동작을 구현한 캐릭터를 볼 수 있습니다.

Chapter 8

스테이블 디퓨전의 유용성은 분명 크지만, 설치시 진입장벽이 높기도하고 Text to Image 만으로는 작품 제작이 쉽지 않습니다. 캐릭터의 개성과 일관성의 구현을 위해서는 각각의 캐릭터마다 로라와 체크포인트 개발 등을 거쳐야 커스텀 캐릭터로 작업이 가능하므로 수작업보다 시간이 더 많이 소요될 수도 있습니다. 원고를 하기 위해 개발을 하느냐, 현재 나와 있는 AI 도구들을 통틀어 사용하기 용이하고 나에게 맞는 툴을 찾아내서 활용을 할 것이냐는 작가의 선택이 될 것입니다. 앞으로도 계속 인공지능 툴은 발전하고 개발이 될 것입니다. 작품의 개성과 작가의 색을 지키며 효율적인 방법을 찾도록 커뮤니티 등의 움직임과 소식에 귀기울이고 탐구하기를 바랍니다.

Chapter 9 응용 실전 예시

다음은 여러 가지 인공지능 툴을 사용해 만든 연구 작품입니다.

> **벚꽃 탄산**

- **제목**: 벚꽃 탄산, 박준하
- **사용 프로그램**: 미드저니, 클립스튜디오
- **제작 기간**: 6일
  (12쪽 단편 중 발췌)

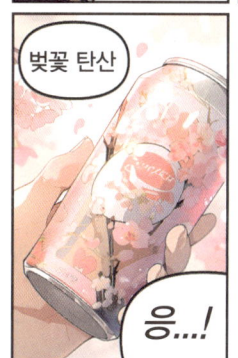

햄의 햄버거 대모험

- **제목**: 햄의 햄버거 대모험, 박준하
- **사용 프로그램**: 챗GPT, 미드저니, 클립스튜디오
- **제작 기간**: 4일

페이지 1: 햄버거 행성

옛날 옛적 어느 작은 햄스터 행성에
'햄'이라는 작은 햄스터가 살고 있었습니다.

햄버거를 좋아했던 햄은 늘 꿈꾸던 게 있었어요.
바로 햄버거로 가득 찬 아름다운 행성에서
햄버거를 마음껏 먹는 것이었죠.

페이지 2: 우주선 만들기

햄스터 행성에서 제일가는 인기쟁이었던
햄은 많은 햄스터 친구들을 모아
우주선을 만들기 시작했습니다.

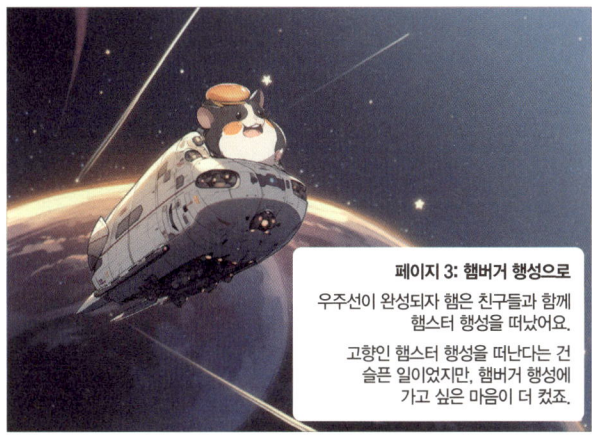

페이지 3: 햄버거 행성으로
우주선이 완성되자 햄은 친구들과 함께 햄스터 행성을 떠났어요.
고향인 햄스터 행성을 떠난다는 건 슬픈 일이었지만, 햄버거 행성에 가고 싶은 마음이 더 컸죠.

페이지 4: 햄버거 천국
햄스터 행성에 무사히 도착한 햄은 정말 놀랐어요.
풀밭엔 꽃 대신 햄버거 꽃이 피어나고, 나무에서는 햄버거 열매가 열렸어요.
매우 커다랗고 맛있어 보이는 버거들은 정말 군침이 돌았죠.

페이지 5: 악당, '블랙치즈'
햄이 햄버거를 맛보려는 찰나, "쿵!!"하고 큰 소리가 들려왔어요!
햄버거행성의 모든 햄버거들을 독차지하려는 악당 '심술꾸러기 고양이 블랙치즈'였죠!

블랙치즈는 거대 로봇을 타고 햄과 친구들을 위협했죠.
"여기 있는 햄버거는 다 내 거다 냥!!!"

페이지 6: 햄버거엔? 감자튀김!
햄은 햄버거를 독차지하려는 블랙치즈와
거대 햄버거 로봇을 물리치려고 변신을 시작했어요!

"햄버거엔 감자튀김이지!!"
햄은 빛나는 감자튀김 햄스터로 변신했어요.

페이지 7: 결전!! 햄 vs 블랙치즈
햄은 빛나는 감자튀김을 들고 블랙치즈에게 달려갔어요!

"욕심 부리지 마!! 나도 내 친구들도 햄버거를 먹고 싶다고!!"
"흥!! 한 혼자 먹을 거다 냥!!!"

페이지 8: 맛있는 건 나눠 먹자!
블랙치즈를 혼내준 햄은 말했어요,
"햄버거는 모두의 것이야.
다 같이 나눠 먹어야 맛있지."

"우와!! 햄이 블랙치즈를 이겼어!!"
친구 햄스터들은 환호했죠.

페이지 9: 햄버거 파티
악당을 혼내주고, 그제서야 햄버거 파티를 열 수 있었어요.
햄과 친구들은 아름다운 햄버거 숲에서 신나게 춤을 췄죠.

페이지 10: 맛있는 햄버거!
신나게 춤을 추느라 배가 고팠던 햄은 햄버거를 한 입 크게 베어 물었어요.

"맙소사!! 이건 내가 여태 먹었던 햄버거 중에 가장 최고야!!"
햄은 그토록 좋아하는 햄버거를 평생 맛있게 먹으며 오래오래 살았답니다.

케니스와 샘물

- **제목**: 케니스와 샘물(웹툰), 손다현
- **사용 프로그램**: 투닝, 미드저니, 라스코, 클립스튜디오
- **제작 기간**: 12.15~18(3일)

타샤의 신비로운 크리스마스

- **제목**: 타샤의 신비로운 크리스마스, 김율
- **사용 프로그램**: 미드저니, 포토샵
- **제작 기간**: 4일

작은 마을에 타샤라는 한 소녀가 행복하게 살고 있었어요.

크리스마스 이브, 타샤는 자신의 말실수로 인해 친구 로빈과 싸우게 됐고, 홀로 크리스마스를 보내게 되었어요.

루카와 마법의 돌

- **제목**: 루카와 마법의 돌, 이윤정
- **사용 프로그램**: 미드저니, 프로크리에이트, 클립스튜디오
- **제작 기간**: 3일

One day, a dark shadow fell over the village.
Luca sees that the villagers are in danger.
More magical power I felt like I had to grow it.

Luca is with the shadow of darkness.
I prepared for a showdown.

With the village people,
He is for the safety of the village.
I had to fight with all my might,
A feeling of fear arose in the back of my mind.

The battle has begun,
Luca uses his magical powers to
It illuminated the darkness.
The shadows of darkness disappear,
The village was filled with the light of hope.

The villagers applauded his courage.
I was grateful for the light Luca created.

Luca was praised as the village hero.
The village people remembered Luca's courage and dedication, and considered him the pride of the village.

Luca came to lead the village with a humble heart.

Chapter 9

신에게 선택받은 자

- **제목**: 신에게 선택받은 자(신자), 박수빈
- **사용 프로그램**: 투닝, 포토샵, 클립 스튜디오
- **제작 기간**: 하루

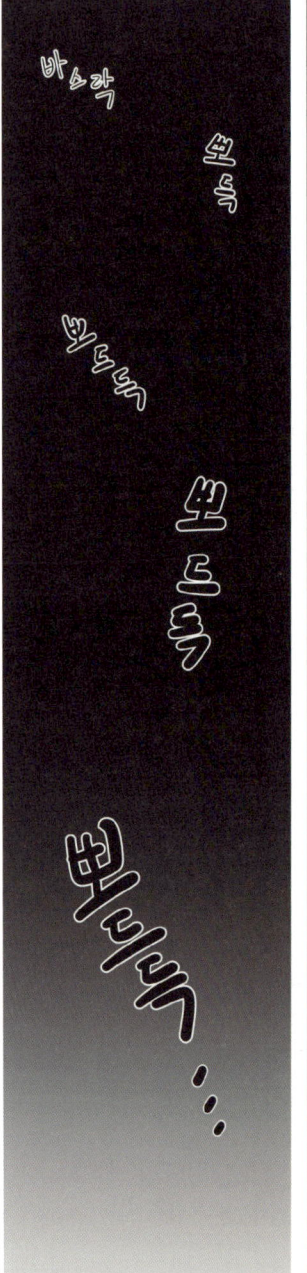

Chapter 9

코어와 펑크

코어(Core)와 펑크(Punk)는 모두 콘셉트를 담고 있는 핵심 프롬프트로 작용합니다. 코어는 특정한 미학이나 문화적 요소를 깊이 탐구합니다. 예술, 패션, 음악, 자연 등 특정 주제나 테마를 중심으로 한 감성적이고 심미적인 표현을 강조합니다. 그에 비해 펑크는 반항적이고 비주류적인 태도를 강조합니다. 사회적 규범에 대한 비판과 도전을 주제로 하며, 종종 디스토피아적이고 미래 지향적인 기술적 요소를 포함합니다.

코어 스타일

	코어 스타일	스타일의 정의	프롬프트 예
1	Angeliccore	천사와 하늘을 주제로 한 밝고 평화로운 분위기	Heavenly garden with soft clouds and angelic beings
2	Aquacore	물과 해양 생물의 미학	Aquarium with diverse marine species
3	Artcore	실험적이고 전위적인 예술 스타일	Art gallery with unconventional and experimental pieces
4	Barbiecore	바비 인형과 관련된 화려하고 여성적인 미학	Pink-themed room with glamorous, stylish decor
5	Bardcore	중세 음악과 이야기꾼을 중심으로 한 미학	Medieval tavern with bards playing lutes and singing tales
6	Bobcore	단순하고 편안한 일상생활을 강조하는 미학	Cozy room with soft lighting and a comfy bed
7	Bugcore	곤충과 관련된 미학	Enchanted forest filled with various magical bugs
8	Candycore	사탕과 달콤한 것들의 미학	Candy land with colorful sweets everywhere
9	Cleancore	청결함과 단정함의 미학	Pristine white room with spotless surfaces
10	Cloudcore	구름과 하늘의 미학	Floating islands among the clouds
11	Clowncore	광대와 서커스 테마를 중심으로 한 미학	Colorful circus tent filled with clowns and balloons
12	Cottagecore	전원생활과 간단한 생활의 미학	Cozy cottage in a peaceful countryside
13	Crystalcore	수정과 보석 테마의 미래적 요소	Crystal-powered machinery in a futuristic setting
14	Cybercore	첨단 디지털 및 사이버 기술	High-tech data center with futuristic servers
15	Cyborgcore	인간-기계 통합과 사이버네틱스	Lab with humans undergoing cybernetic enhancements
16	Dazecore	몽롱함과 혼란스러움의 미학	Surreal landscape with dreamlike haze
17	Desertcore	사막과 건조한 풍경의 미학	Expansive desert with ancient ruins
18	Dieselcore	디젤 기반 기술과 미학	Retro-futuristic car powered by diesel
19	Dragcore	드래그 문화와 화려한 미학 결합	Drag show with glamorous outfits and performances
20	Dreamcore	꿈과 환상적인 분위기	Surreal landscape with floating islands
21	Dullcore	무미건조한 분위기의 미학	Monotone cityscape with minimal colors
22	Ecocore	환경 지속 가능성과 친환경 기술	Eco-friendly city with vertical gardens
23	FaeCore	요정과 마법의 테마	Enchanted forest with magical creatures
24	FairyTaleCore	동화와 신비한 이야기의 미학	Castle in a magical kingdom
25	Fairycore	요정과 동화 속 세계의 미학	Enchanted garden with fairy lights
26	Foodcore	음식과 요리의 미학	Gourmet kitchen with beautifully plated dishes
27	Forestcore	숲과 자연의 미학	Dense forest with hidden magical elements
28	Ghostcore	유령과 초자연적인 것들의 미학	Haunted mansion with eerie ghost sightings

29	Glamcore	화려하고 과장된 패션과 미학	Fashion show with glamorous, over-the-top outfits
30	Glitchcore	디지털 오류와 글리치 아트를 중심으로 한 미학	Digital landscape filled with vibrant glitches and distortions
31	Gloomcore	우울함과 어두운 분위기의 미학	Dark, misty forest with a melancholic feel
32	Goblincore	자연과 신비로운 요소를 결합한 미학	Forest filled with mushrooms, moss, and hidden treasures
33	Gothiccore	고딕 테마와 현대적 미학 결합	Gothic cathedral with modern elements
34	Pastel Goth	고딕 요소에 파스텔 색감을 더한 스타일	Dark-themed room with pastel-colored decorations
35	Happycore	행복과 기쁨의 미학	Colorful festival with happy faces
36	Hardcore	강렬하고 빠른 템포의 음악	Basement concert with hardcore bands
37	Honeycore	꿀과 벌과 관련된 미학	Honeycombs and bees in a sunny meadow
38	Horrorcore	호러 테마와 미학	Haunted house with creepy decorations
39	Hydrocore	물 기반 기술과 인프라	City with advanced water purification systems
40	Indiecore	독립적이고 DIY 문화를 중심으로 한 스타일	Indie music festival with diverse bands
41	Infinitycore	무한함과 영원함의 미학	Endless loop of a beautiful sunset
42	Jamcore	잼과 과일의 미학	Colorful jars of homemade jam
43	Junglecore	정글과 열대 식물의 미학	Lush jungle with exotic animals and plants
44	Kidcore	어린 시절의 장난감과 색감을 활용한 미학	Colorful room filled with toys and playful decorations
45	Lovecore	사랑과 로맨스의 미학	Romantic picnic with heart-shaped decorations
46	Lovecraftian	H.P. 러브크래프트의 공포와 신비로운 분위기	Dark, eerie landscape with eldritch creatures
47	Lunarcore	달과 우주의 미학	Lunar base with futuristic technology
48	Miniaturecore	미니어처와 작은 모형들의 미학	Detailed miniature village on a table
49	Mountaincore	산과 자연의 미학	Mountain village with breathtaking views
50	Mushroomcore	버섯과 균류의 미학	Enchanted forest with giant mushrooms
51	Neoncore	밝은 네온 색상과 미래지향적 미학	Neon-lit city with futuristic buildings
52	Neuropunk	신경과학과 뇌 기술	Lab with advanced brain-machine interface
53	Normcore	평범함과 단순함을 강조하는 미학	Casual, everyday outfits in a minimalistic setting
54	OceanCore	바다와 해양 생물의 미학	Underwater city with colorful marine life
55	Ravecore	레이브 파티와 일렉트로닉 음악을 주제로 한 스타일	Vibrant rave party with neon lights and energetic music
56	Royalcore	왕실과 귀족적인 요소를 강조한 미학	Grand palace with luxurious, regal decorations
57	Plasticcore	합성 물질과 재활용 테마	Art installation made of recycled plastic
58	Quantumcore	양자 컴퓨팅과 물리학	Quantum computer lab with advanced technology
59	Raincore	비와 습한 날씨의 미학	Cozy room with large windows and rain pouring outside
60	Retrocore	레트로 퓨처리즘의 현대적 재해석	Retro-futuristic cityscape with flying cars
61	Safetycore	안전함과 보호받는 느낌의 미학	Cozy home with safety features
62	Seapunk	바다와 해양 생물을 주제로 한 펑크 스타일	Ocean-themed cyber city with neon lights and aquatic elements
63	Skacore	스카 음악과 락의 결합	Street parade with ska bands and dancers
64	Skatercore	스케이트보드 문화와 스트리트 패션을 중심으로 한 미학	Urban skate park with graffiti and skater outfits
65	Sleepycore	졸림과 나른함의 미학	Cozy bedroom with soft, dim lighting
66	Smilecore	미소와 즐거움의 미학	Smiling faces in a cheerful park
67	Snowcore	눈과 겨울 풍경의 미학	Snow-covered village with twinkling lights

68	Solarcore	태양 에너지와 지속 가능한 미래	City powered by solar panels and green technology
69	Spacecore	우주와 은하의 미학	Spaceship exploring distant galaxies
70	Steamcore	스팀펑크 미학과 웨이브 음악 결합	Dance floor with steampunk decorations and wave music
71	Synthcore	신시사이저 음악과 전자 음악 결합	Music studio with synthesizers and electronic decor
72	Techcore	첨단 기술과 미래 지향적 미학	Advanced tech city with sleek, modern design
73	Tinycore	작은 것들의 미학	Miniature garden with tiny plants and decorations
74	Traumacore	감정적인 상처와 치유를 주제로 한 요소	Surreal landscape depicting emotional healing and recovery
75	Tribalcore	부족 문화와 미학의 현대적 재해석	Festival with modern takes on traditional tribal attire
76	Urbancore	도시 생활과 스트리트 문화의 미학	Bustling city streets with modern architecture
77	Vaporcore	증기와 증기 기반 기술의 미학	Vapor-filled industrial landscape
78	Vintagecore	빈티지와 레트로 미학	Vintage shop filled with antiques and retro items
79	Voidcore	추상적이고 미니멀한 디자인 요소	Minimalistic cityscape with futuristic design
80	Warmcore	따뜻함과 포근함의 미학	Cozy living room with a warm fireplace
81	Weirdcore	기이하고 초현실적인 요소를 강조하는 미학	Surreal landscape with dreamlike, distorted features
82	Witchcore	마녀와 마법의 테마	Witch's cottage with magical artifacts
83	Zencore	동양 철학과 미학의 현대적 재해석	Peaceful garden with modern Zen architecture

펑크 스타일

	펑크 스타일	스타일의 정의	프롬프트 예
1	Aetherpunk	마법의 공학적 응용을 중심으로 한 장르	Victorian-era city powered by magical aether engines
2	Anthropunk	인류학과 진화 테마	Future society based on anthropological principles
3	Apunkalypse	아포칼립틱 테마와 펑크 요소 결합	Post-apocalyptic city with punk survivors
4	Arcanepunk	마법과 기술이 결합된 판타지 세계	Fantasy city with both magical and technological elements
5	Atompunk	1950-1960년대 원자력과 핵시대의 영향을 받은 스타일	Retro-futuristic laboratory with atomic experiments
6	Biopunk	유전 공학과 생명 공학 테마	Lab with genetically modified organisms
7	Bronzepunk	청동기 시대의 기술과 사회	Bronze-armored warriors with mechanical devices
8	Candlepunk	중세 스타일의 기술과 미학	Candle-lit medieval castle with advanced machinery
9	Capepunk	슈퍼히어로 테마와 펑크 요소를 결합한 스타일	Superheroes fighting in a gritty, urban environment
10	Clockpunk	정교한 기어와 시계 메커니즘을 사용하는 이미지	Clockwork automaton in a Victorian workshop
11	Cosmopunk	우주와 천체 테마의 펑크 스타일	Galactic society with diverse, punk-inspired cultures
12	Cyberpunk	하이테크와 로우라이프 디스토피아 미래	Neon-lit cityscape with advanced cybernetic enhancements
13	Decopunk	1920-1930년대 아르데코 예술과 모던 디자인	Art Deco skyscrapers with futuristic vehicles
14	Desertpunk	사막 배경의 고급 기술	Desert town with high-tech gadgets
15	Dieselpunk	1920-1950년대 디젤 기반 기술과 레트로퓨처리즘	Diesel-powered robot in a war-torn cityscape
16	Dreadpunk	고딕 호러 테마와 미학	Victorian mansion with eerie, supernatural occurrences
17	Dungeonpunk	중세 던전 탐험과 고급 기술 결합	Adventurers exploring a high-tech medieval dungeon
18	Ecopunk	환경 보호와 지속 가능한 기술 결합	Eco-friendly city with punk street art
19	Elfpunk	현대적 또는 사이버펑크 세계에서의 엘프	Modern city with elven characters and architecture

20	Flowerpunk	식물 테마와 펑크 요소 결합	City with buildings covered in flowers and vines
21	Formicapunk	중반 20세기 미학과 미래 요소	1950s diner with advanced technology
22	Gothicpunk	고딕 테마와 현대 또는 미래적 요소를 결합한 스타일	Dark, gothic cityscape with towering cathedrals
23	Greenpunk	신재생에너지 기술을 통해 친환경적인 사회를 구축한 스타일	Eco-friendly city with abundant green technologies and renewable energy sources
24	Hopepunk	낙관적이고 희망적인 테마와 펑크 요소 결합	Utopian city with vibrant, hopeful aesthetics
25	Hydropunk	물 기반 기술과 미학	City powered by advanced hydroelectric technology
26	Magicpunk	마법과 기술이 결합된 판타지 세계	Modern city where magic and technology coexist harmoniously
27	Mesopunk	고대 메소포타미아 배경의 고급 기술	Ancient Mesopotamian city with futuristic elements
28	Mistpunk	안개와 미스트 테마의 고급 기술	Foggy cityscape with eerie, advanced machines
29	Monsterpunk	괴물과 몬스터 테마와 펑크 요소 결합	City with punk rock monsters roaming the streets
30	Mythpunk	고대 신화와 전설을 현대적으로 재해석한 스타일	Modern city with mythical creatures roaming the streets
31	NASApunk	NASA와 우주 탐험에 펑크 요소 결합	NASA-inspired space station with punk elements
32	Nanopunk	나노 기술과 그에 따른 영향	Cityscape with nanobots performing various tasks
33	Necropunk	죽음과 관련된 요소를 다루는 어두운 테마	Dark wizard performing necromantic rituals
34	Nowpunk	현대 문화에 펑크 요소를 결합한 스타일	Modern city with punk graffiti and street art
35	Oceanpunk	해양 테마와 고급 기술 결합	Underwater city with futuristic submarines
36	Piratepunk	해적 요소가 강조된 해양 테마의 펑크 스타일	High-tech pirate ship sailing through a futuristic ocean
37	Plaguepunk	중세 흑사병 시대의 어두운 분위기와 문화	Medieval town during a plague outbreak
38	Punkistan	전통적인 유목 문화와 미래지향적 요소를 결합한 스타일	Futuristic nomadic tribe with advanced portable technology
39	Raypunk	초기 20세기 펄프 픽션에서 영감을 받은 SF 미학	Futuristic city with raygun-wielding characters
40	Rococopunk	로코코 예술과 과장된 장식적 요소를 포함한 스타일	Ornate Rococo palace with hidden mechanical devices
41	Sailpunk	항해와 탐험을 중심으로 한 해양 모험 스타일	Pirate ship with advanced sail mechanisms
42	Sandalpunk	고대 로마 또는 그리스를 배경으로 하는 문화와 기술	Roman soldiers with advanced, sandal-powered machinery
43	Scrappunk	포스트 아포칼립틱 세계에서 재활용 기술 사용	Junkyard with makeshift, high-tech devices
44	Slimepunk	끈적끈적한 물질과 펑크 요소 결합	Futuristic city with slime-powered machinery
45	Solarpunk	지속 가능한 기술과 친환경 미래	Solar panel rooftops in a green, utopian city
46	Spacepunk	우주 탐험과 펑크 요소를 결합한 스타일	Space station with gritty, punk aesthetics
47	Steampunk	빅토리아 시대의 미학과 증기 동력 기술	Steam-powered airship flying over a Victorian city
48	Steelpunk	산업 시대 미학과 강철 기반 기술	Steel factory with massive, futuristic machinery
49	Steppepunk	유목 문화와 고급 기술을 결합한 스타일	Nomadic yurt with high-tech gadgets in a vast steppe
50	Stonepunk	석기 시대의 기술과 문화	Primitive tools and stone huts in a prehistoric village
51	Swordpunk	검과 근접 무기와 고급 기술 결합	Futuristic warriors with high-tech swords
52	Taopunk	도교 철학과 미학을 고급 기술과 결합	Futuristic city with Taoist architectural elements
53	Teslapunk	니콜라 테슬라의 발명과 실험을 모티브로 한 전기적 이미지	Tesla coil-powered cityscape at night
54	Tidalpunk	조류 에너지와 테마	Coastal town with wave-powered machinery
55	Transistorpunk	초기 컴퓨팅과 트랜지스터 기술	1960s-style computer lab with advanced transistors
56	Whalepunk	고래 관련 기술을 포함한 해양 테마	Ship powered by whale oil in a futuristic setting
57	Yurtpunk	유목 문화와 고급 기술을 결합한 스타일	Nomadic yurt with high-tech gadgets

부록 — 코어/펑크 프롬프트

코어, 펑크 등의 코어워드는 미드저니, 스테이블 디퓨전, 달리(DALL-E) 등 대부분의 이미지 생성 AI에 적용됩니다. 코어는 근본적인 주제와 속성에 관련된 이미지를 담고 있는 핵심 단어로, 긴 프롬프트가 필요 없습니다. 펑크는 미래지향적이거나 반항적인 이미지를 담고 있습니다.

> **주요 팁**
> 1. **믹스 앤 매치**: 코어 워드를 결합해 독특한 이미지를 생성해보세요.
> 2. **혁신과 실험**: 코어 워드는 이보다 많이 숨어 있습니다. 나만의 코어와 펑크 코드워드를 찾아보세요. 일관되고 매력적인 미학을 목표로 AI 생성기가 어떻게 반응하는지 테스트해 보세요.

미드저니(Midjourney)의 'journey'는 단어 그대로 '여행'을 뜻합니다. 데이터의 바다 안에서 나만의 언어를 찾아 새로운 창작물을 창조해 보세요.

Oceancore, Glasspunk, A ship sailing the sea, a dreamy sea of clouds that feels like a dream, watercolor

다음 예시 이미지들의 프롬프트는 'K-pop girl, 〈코드워드〉 --ar 2:3 --v 6.0'로 동일하게 적용했습니다. 순서는 다음 표와 같습니다.

	코드워드
Midjourney	nijijorney(manga 워딩을 추가로 설정했습니다.)
StableDiffusion Somman_v10	StableDiffusion realcartoonPixar

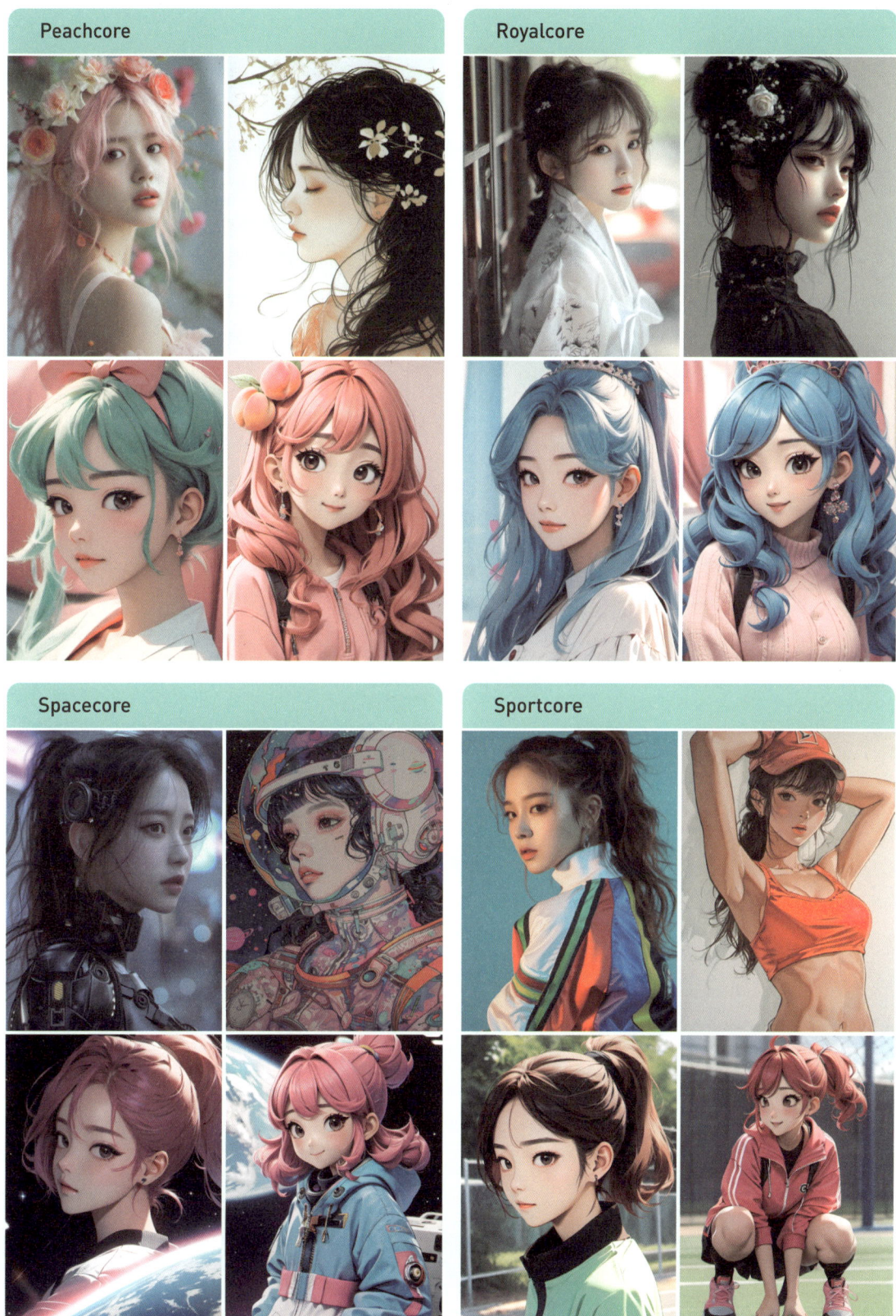

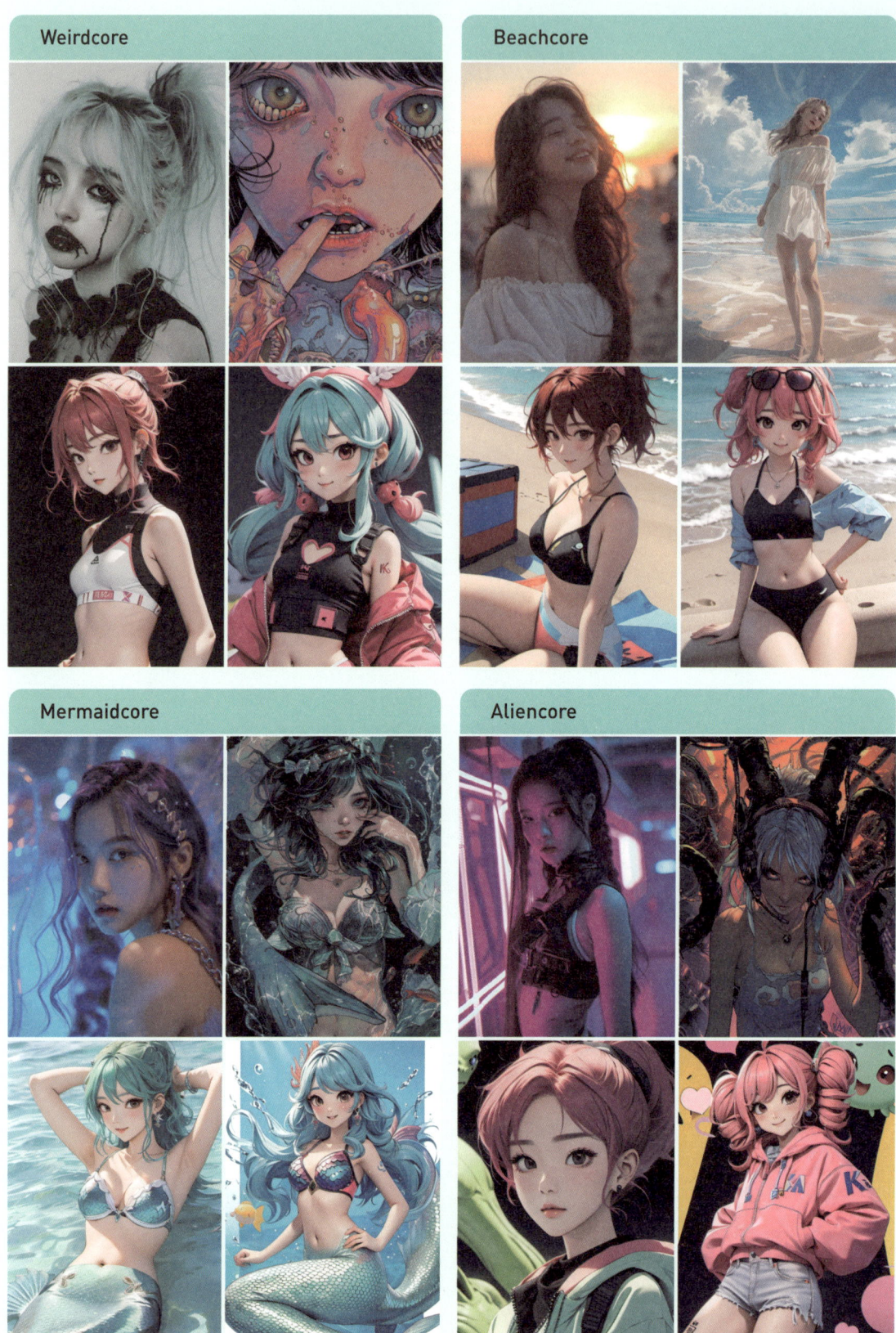

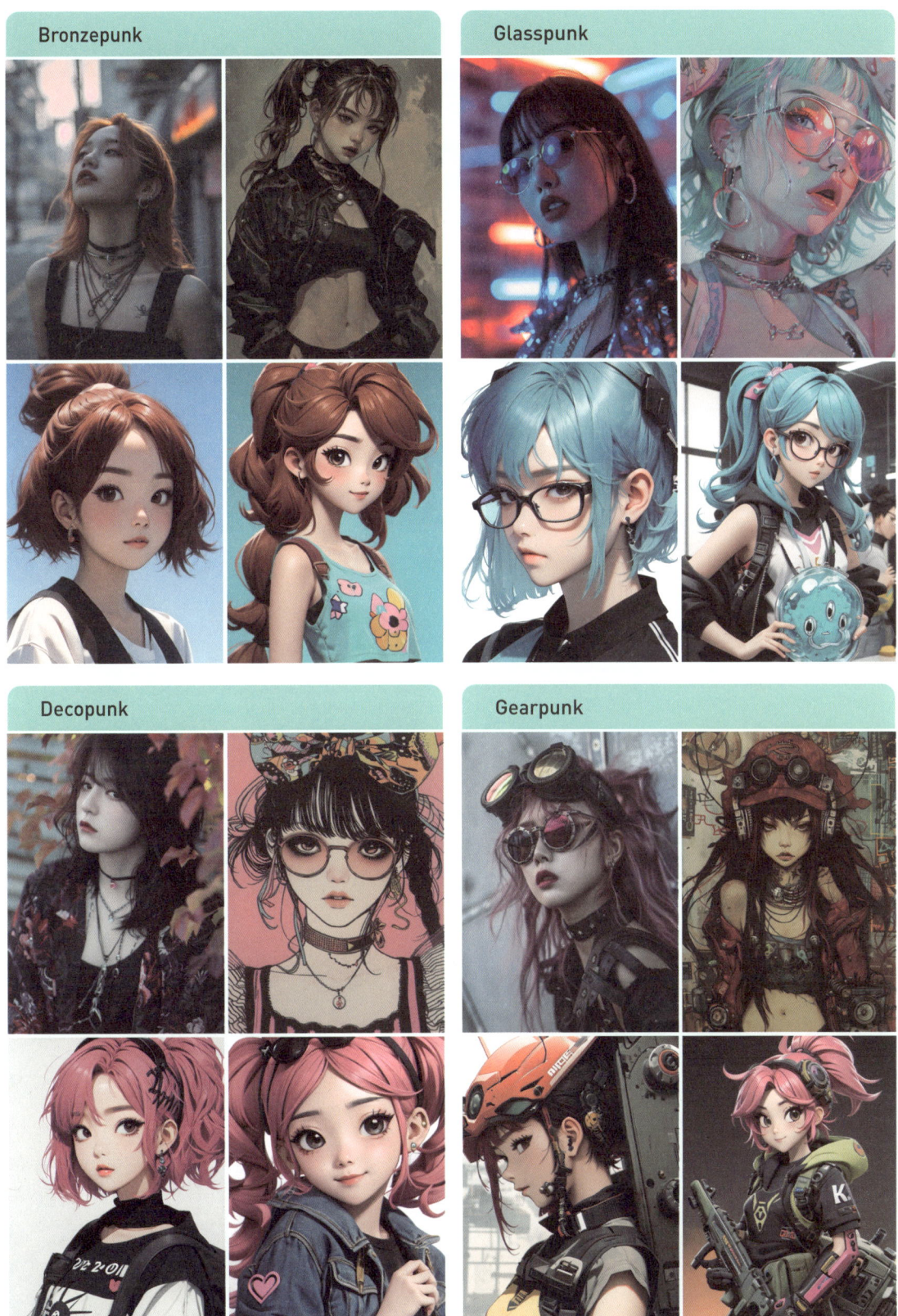

Sportscarpunk

Rustpunk

Cowpunk

Lavenderpunk

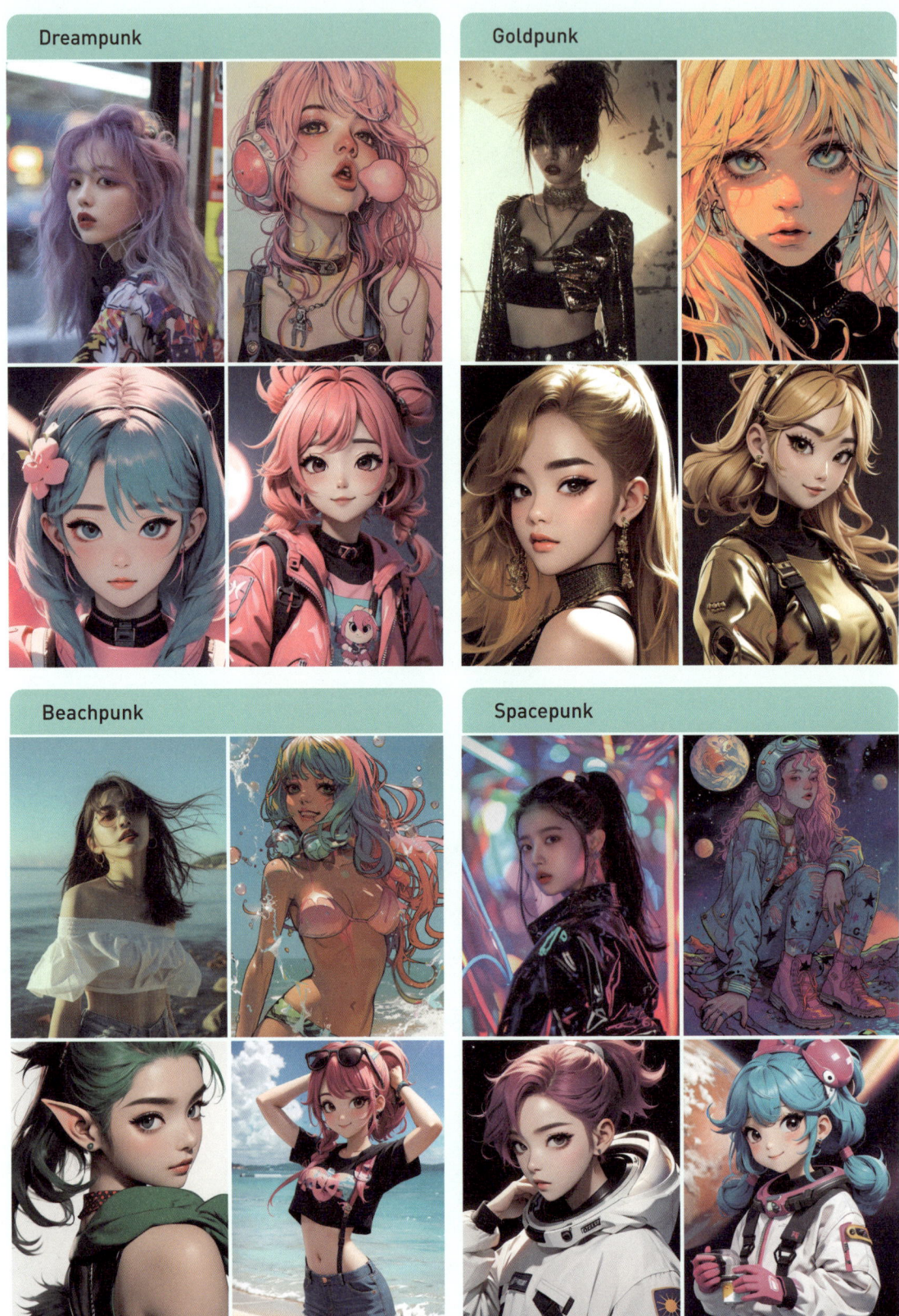

 **맺음말**

"작가의 목표는 오직 재미있는 작품이다."

　실시간으로 많은 AI 전문가의 멋있는 이미지를 보면서 부러워만 하다가 '나는 왜 이렇게 못할까?'라는 자괴감에 빠지고 '나도 꼭 해 봐야 한다'라는 강박감에 시달리는 과정을 반복하며 몇 달을 보냈습니다.

　그렇게 스스로 무덤을 파고(?) 들어갈 즈음 과학창의재단에서 운영하는 과학 만화가 전문가 양성 과정을 신청한 후 '인공지능으로 만화를 만들어 봐도 괜찮지 않을까?'(그 당시만 해도 부정적인 견해가 많았음), '인공지능이 내 방패가 돼 주지 않을까?'라는 생각으로 신청과 면접(떨어질까봐 엄청 떨었음)을 통해 스스로의 과제를 만들게 됐고 이 과정을 통해 지난 주에 결과물을 세상에 내놓았습니다. 그 포스팅이 많은 분의 관심을 받게 됐고 의외로 많은 분이 이 과정에 목말라하고 있다는 것을 체감할 수 있었습니다.

　필자가 인공지능 툴을 다루는 목표는 원하는 만화·웹툰을 빠르게 만들어 내는 것입니다. 필자는 쓰고 싶은 스토리에 대한 소싱을 도움받아 정리하고(챗GPT), 사용할 이미지를 생성하고(미드저니, 스테이블 디퓨전 등 가리지 않음), 원하는 대로 편집해서 완성본을 내는 과정을 거칩니다.

　여기에서 마지막 과정이 가장 중요한데(그리고 너무 어이없게 쉬운 과정인데) 제가 본문에서 언급한 '바느질 과정'이 바로 그것입니다.

　사실 인공지능으로 만들어진 그림이나 이미지가 멋지기는 하지만, 필자의 작품(?)에 적용하기에는 완벽하지 않았습니다. 눈동자의 위치가 애매하고 시선 처리가 의도된 것이 아니며 감정 표현이 원하는 만큼 되지 않습니다(이 과정에서 전문가들은 어떻게든 명령어를 만들어 해내도록 만들어 버립니다. 이 과정이 상당히 고되고 어떻게 하면 인공지능이 알아듣고 적용하게 할 것인지 골머리를 앓게 됩니다) 필자는 이 과정에서 소위 말하는 '반칙'을 서슴지 않습니다.

여기서 말하는 '반칙'은 다음과 같습니다.

포토샵에서 바느질을 합니다. 올가미로 눈동자를 선택해 수정하고 브러시로 보정하고 맘에 안 드는 손 모양도 편집을 통해 고칩니다.

실제 작업 노하우를 공개하고 나니 '별 거 아니었네'라고 실망하는 분이 계실지 모르지만(실제 있었음), 다시 한번 말씀드릴 수 있습니다.

필자가 인공지능 툴을 다루는 목표는 원하는 만화·웹툰을 빠르게 만들어 내는 것입니다.

아마 작가들도 이 부분에 주목하면 앞으로 어떻게 인공지능을 다룰 것인지에 대한 사고의 범위가 조금은 확장되리라 생각합니다. 많은 분이 순수한 명령어를 통해서만 만들어진 인공지능 이미지로 만화를 작업할 것이라는 생각에 스스로 갇혀 부정적인 생각을 하는 것 같았으니까요.

필자가 처음 대학에서 웹툰 과정을 가르치면서 학생들에게 '울컥' 하던 순간이 있었습니다. `Ctrl`+`Z`를 버릇처럼 사용하고(자기의 진짜 선이 아닌 우연에 의한 멋있는 선을 찾음=필자의 기준) 올가미를 사용해서 눈 위치, 얼굴 크기, 비뚤어진 인체를 수정(그림 실력을 쌓을 생각이 없음=내 기준)해 왔지만, 이제는 클립을 통해 인체 더미를 사용하고 에셋을 찾아 효과 및 후보정을 하고(예전에는 모두 수작업이었고 스크린톤을 일일이 지갑을 열어 구매하고 손으로 일일이 종이가 잘리지 않도록 살살 종이에 부착하는 작업을 했음) 스케치업을 활용해 배경을 만들고(퍼스 공부가 가장 어려웠던 1인), 여러 프로그램으로 의상이나 캐릭터 생성하는 데 도움을 받으며(텀블벅에서 엄청 지른 1인) 작품 활동을 하고 있습니다.

하지만 필자는 이것을 반칙이라고 생각하지 않습니다. 작품을 만들기 위해 필자가 직접 할 수 있는 부분은 빠르게 작업해서 마감을 지키는 것이 최종 목표라고 생각하기 때문입니다. 그냥 클립, 스케치업, 포토샵과 같이 하나의 툴일 뿐입니다.

요즘 '클라우드 사업'이라고 해서 정부 주도의 웹툰 데이터 수집이 한창입니다. 실제로 어느 기업에서 맡아 진행하고 있는지 정확하게 알지는 못하지만, 작가들의 데이터를 충분히 활용하는 것과 저작권 및 재산권을 데이터를 제공한 작가들에게 온전히 돌려 주는 것만 해결된다면 앞으로 개인화된 인공지능 툴을 많은 작가의 도움을 받을 수 있지 않을까 생각합니다.

이현세 선생님이 '대한민국 콘텐츠 비즈니스 위크 2023'의 포럼에서 "AI 이현세 프로젝트는 유한한 생명에 대한 통쾌한 복수 같은 것"이라고 말씀하신 것처럼 까치는 선생님의 후손, 그리고 까치를 재해석해 작품을 만들고 싶은 후배 작가들에게 기회를 주고 저작 사용료(?)를 지불하거나 IP를 배분하는 등의 과정을 통해 콘텐츠를 무한 생성할 수 있습니다. 그리고 이것이 하나의 재산이 돼 후손에게 물려 줄 수 있는 재산권이 될 수 있다면 아주 매력적인 새로운 시장이 형성될 것입니다.

당장 내일의 미래도 확실한 것은 없지만, 일단 사용해 봅시다!

김한재

 **레퍼런스**

✨ 페이스북(그룹)

1. **AI크리에이터(AIcreator)** – https://www.facebook.com/groups/ac.lab
2. **미드저니 코리아(Midjourney Korea)** – https://www.facebook.com/groups/mj.korea
3. **스테이블 디퓨전 코리아(Stable Diffusion Korea)** – https://www.facebook.com/groups/stablediffusion.korea

✨ 텍스트 to 이미지 변환 AI 이미지 제너레이터

1. **메이지 스페이스(Mage Space)**: AI 이미지 생성 플랫폼 – https://www.mage.space
2. **허깅페이스((Hugging Face, Inc.)**: 기계 학습 모델을 구축, 배포 및 교육하기 위한 도구와 리소스를 개발하는 프랑스계 미국 회사이자 오픈소스 커뮤니티 – https://huggingface.co/spaces/runwayml/stable-diffusion-v1-5
3. **플레이그라운드 AI(Playground AI)**: 무료로 이용할 수 있는 AI 이미지 생성 및 편집기로, 하루에 1,000개까지 가능 – https://playground.com/login?redirect=/create
4. **핫팟(Hotpot)**: 일러스트와 사진을 생성할 수 있는 AI 아트 메이커 – https://hotpot.ai/art-generator
5. **드림스튜디오(DreamStudio)**: 스테이블 디퓨전을 오픈소스로 공개한 영국의 오픈소스 AI 연구 회사 스테빌리티AI가 개발한 AI 이미지 생성 프로그램. – https://beta.dreamstudio.ai/generate
6. **데즈고(Dezgo)**: 무료 스테이블 디퓨전 AI 생성기로 텍스트를 고품질 이미지로 생성 – https://dezgo.com/txt2img
7. **뉴럴 러브(Neural.love)**: 내장된 프롬프트 생성기로 이미지, 로고, 아바타 등을 무료로 만들 수 있는 가장 간단한 아트 생성기 사이트 – https://neural.love/ai-art-generator
8. **유닷컴(You.com)**: AI 기반 검색 엔진으로, 목적과 억양을 설정한 후 키워드를 입력하면 인공지능이 그에 맞게 검색 – https://you.com/search?q=stable+diffusion&fromSearchBar=true
9. **스테이블 호드(Stable Horde)**: 스테이블 디퓨전을 무료로 사용하기 위한 프론트엔드를 제공함. 스테이블 UI는 사용자가 스테이블 디퓨전에 쉽게 액세스해 이미지를 만들 수 있는 도구 – https://aqualxx.github.io/stable-ui

10. **나이트 카페(Night Cafe)**: 무료 AI 아트 생성기 – creator.nightcafe.studio
11. **크레용(Craiyon)**: 달리 미니(DALL·E mini)로 알려졌던 최고의 AI 아트 생성기 – https://www.craiyon.com
12. **Pixlr**: AI 이미지·사진 생성기 및 AI 디자인 도구 – https://pixlr.com/kr/image-generator
13. **재스퍼아트(jasper.ai)**: 이미지나 사진, 작품을 수초 안에 생성 – https://www.jasper.ai/art
14. **달리 2(Dall-E 2)**: 오픈AI 사가 만든 사실적인 이미지와 예술 작품을 만들어낼 수 있는 AI 시스템 – https://openai.com/dall-e-2
15. **스태리 AI(Starry AI)**: 보고 싶은 것을 설명하기만 하면 예술 작품을 생성할 수 있고 인공지능이 말을 예술로 변환 – https://starryai.com
16. **프리픽(Freepik)**: 다양한 스타일의 AI 이미지를 검색 – https://www.freepik.com/ai/images
17. **드림 바이 웜보(Dream by Wombo)**: 모바일 플랫폼용으로 설계된 모든 기능을 갖춘 AI 아트 생성기 – https://www.w.ai
18. **휴먼 제너레이터(Human Generator)**: 블렌더로 전신 인물 사진을 생성하는 무료 온라인 도구 – https://generated.photos/human-generator
19. **딥드림 제너레이터(Deep Dream Generator)**: 구글이 개발한 신선하고 독창적인 실물같은 사진을 생성하는 이미지 제너레이터 – https://deepdreamgenerator.com
20. **딥AI(DeepAI)**: 오픈소스 이미지 생성을 지원하는 AI 사진 생성기 – https://deepai.org

✨ 스테이블 디퓨전, 미드저니, 니지저니

1. **스테이블리티 매트릭스(Stability Matrix)**: 멀티플랫폼 패키지 관리자 – https://github.com/LykosAI/StabilityMatrix
2. **스테이블 디퓨전 최신 버전** – https://github.com/LykosAI/StabilityMatrix/releases
3. **미드저니(Midjourney)**: 공식 디스코드 서버의 디스코드 봇을 통해서만 액세스할 수 있는 디지털 아트워크 생성기 – https://www.midjourney.com/home
4. **니지저니(niji·journey)**: 스펠브러시(https://spellbrush.com)가 미드저니와 개발한 서브컬처 그림체에 특화된 AI 그림 생성기 – https://nijijourney.com

함께하면 좋은 ㈜성안당의
드로잉 초격차 도서

도형화부터 해부학, 동세까지 단계별로 배운다!
김락희의 인체 드로잉
김락희 지음 / 297×210 / 392쪽 / 35,000원

★★★
미국·일본·대만
중국·러시아
판권 수출!

도형화-해부학-동세에서 캐릭터로 자연스럽게 연결!

 ★영어판 출간!★

유튜브 드로잉 채널(@rockhekim) 운영자이자 드로잉 강의와 미국 마블 사의 애니메이션 캐릭터 작업도 하고 있는 김락희 작가가 집필한 드로잉 입문서이다. 드로잉을 공부할 때 인체 해부학을 모르고서는 그림의 기본을 다질 수 없다. 이 책은 인체의 도형화부터 시작해 해부학과 동세(動勢)까지 단계별로 강의한다. 특히 A4 사이즈의 가로 판형으로 편집하여 인체 비례와 균형까지 좌우 대칭으로 한눈에 들어온다.

김락희의 선화 드로잉 vol.1
김락희 지음
260×190 / 304쪽 / 29,000원

김락희의 선화 드로잉 vol.2
김락희 지음
260×190 / 244쪽 / 23,000원

 ★영어판 출간!★   ★불어판 출간!★

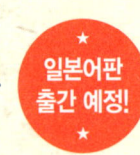
★
일본어판
출간 예정!
★

A4 사이즈보다 좀 더 콤팩트한 판형으로 인체 비례와 균형을 한눈에!

드로잉 초베스트셀러 김락희 작가가 실사체 드로잉 자료를 토대로 구성한 선화 드로잉 활용서! 선화를 통해 다양한 각도에서 인체의 움직임을 이해할 수 있도록 도형화를 비롯하여 간단한 해부학, 실사체 드로잉 자료들로 구성하였다. vol.1에서는 상체, 하체, 얼굴, 팔, 다리, 다양한 포즈 등으로 나누어 설명하며, vol.2에서는 많은 사람들이 어려워하는 옷 주름에 대해 다루고, 여러 포즈의 인체 도형화를 통해 입체적으로 이해하고 창작에 응용 가능한 다수의 드로잉 자료들을 보여준다.

모든 그림 그리는 크리에이터를 위한
석가의 해부학 노트
석정현(석가) 지음 / 190×245 / 660쪽 / 42,000원

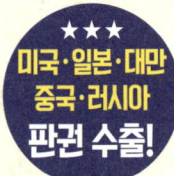
★★★
미국·일본·대만
중국·러시아
판권 수출!

총 660쪽, 1,500점에 달하는 삽화! 9년에 걸쳐 한 땀 한 땀 그리고 써낸 명품 해부학!

'좋은' 해부학 책은 많지만 결코 쉽지 않다. 왜 '좋다' 하는 해부학 책이 이토록 어렵게만 느껴질까? 저자는 적지 않은 시간 동안 전문적으로 그림을 그리고 수많은 후배와 학생들에게 해부학을 강의하면서 의문을 품었던 점을 토대로, 생물학자나 의사의 관점이 아닌 그림쟁이의 관점으로 해부학이라는 어려운 학문을 색다르게 풀어냈다. 이 책을 읽는 독자, 특히 그림을 공부하는 이들에게 좀 더 전문적인 인체 표현 전문가로서의 소양을 주는 지침서가 될 수 있을 것이다.

BM ㈜도서출판 **성안당** 경기도 파주시 문발로 112 파주 출판 문화도시 / T.031-950-6300 / http://www.cyber.co.kr

드로잉 기법부터 수채화, 색연필화까지
분야별 드로잉 도서

거리와 골목, 도시...멋스러운 어반스케치의 매력에 빠지다

백승기의 어반스케치

백승기 지음
188×240 / 240쪽 / 23,000원

먹 밑그림에 수채화로 맑게 채색하는 일상속 여행중 도시 풍경

이 책은 먹과 나무젓가락으로 그린 그림에 수채화로 채색하여 동양화와 서양화의 느낌을 함께 담을 수 있는 멋스러운 어반 스케치를 소개한다. 나무젓가락과 먹으로 스케치하는 법, 수채화 물감 사용법 등 초보자부터 중급자까지 누구나 볼 수 있게 구성했다. 또한 작품 작업 과정을 담은 동영상을 QR코드로 제공한다.

영국 더웬트 색연필 초대 작가 이재경의

세상에서 가장 사랑스러운 반려동물 그리기

이재경 지음
188×240 / 224쪽 / 23,000원

우리 가족 강아지·고양이를 색연필화로 섬세하게 그리기

이 책은 강아지와 고양이 그리는 법을 비롯하여 색연필 다루는 법, 기본 스케치, 부위별 색칠하기 등을 단계별로 구성하고, 각 품종의 특성을 살려 그리는 노하우까지 알려준다. 부록에 수록된 컬러링 페이지로 직접 색칠해 볼 수 있으며, 그리기 작업 과정을 담은 동영상을 QR코드로 제공한다.

그림꾼의 마감병

썰화집

석정현 지음
152×210 / 392쪽 / 19,800원

누구나 한 번쯤 겪는 마감병, 반짝이는 깨달음을 찾아서

이 책은 저자가 자신의 블로그와 SNS를 시작하며 남겼던 마감병의 수기들을 골라 다듬은 것으로, 저자가 마감을 대하는 고투의 흔적이 고스란히 담겨 있으며, 작가 특유의 생생한 문체와 직접 그린 그림이 곁들여져 읽는 재미는 물론 보는 재미까지 더했다.

석정현 첫 번째 이야기 화집

환장

석정현 지음
190×245 / 296쪽 / 18,000원

그림의 소통적 기능의 측면을 강조한 독특한 화집!

전시회에서 보는 어려운 그림들이 아닌 구체적인 목적을 위한 소통을 강조한 화집이다. 저자가 어린 시절부터 프로로 활동하기까지 그린 총 440여 점에 이르는 그림과 각 그림에 얽힌 에피소드들을 통해 쉽고 재미있게 그림을 감상하는 요령을 제공한다.

잘 그리는 이유, 못 그리는 이유

드로잉의 정석

백남원 지음
188×240 / 256쪽 / 24,500원

누구도 알려주지 못했던 실전 드로잉의 정석

이 책은 원리에 대한 설명부터 시작하여 드로잉을 체계적으로 훈련할 수 있도록 구성하였다. 초보자는 친절한 안내에 따라 드로잉을 정복할 수 있고, 드로잉 경험이 있다면 그동안 느껴왔던 한계와 궁금증에 대한 해답과 실마리를 발견할 수 있다.

각계각층의 그림꾼 21인이 바라본 서울의 모습

달토끼 서울을 그리다

박재동 외 20인 지음
190×245 / 280쪽 / 18,000원

달토끼가 바라본 서울의 모습

이 책은 문화예술계에서 활발히 활동 중인 '달토끼(매달 마지막 주 토요일에 모여 크로키(Croquis)하는 모임)' 구성원들의 다양한 시선으로 바라본 '서울'에 관한 그림책이다. 서울이라는 익숙한 공간의 재해석된 모습을 각 작품에 얽힌 짤막한 사연과 설명을 곁들여 소개한다.

제주살이 그림쟁이의 드로잉 에세이

하루하루 행복 기록

정선욱(달구라) 지음
128×188 / 288쪽 / 16,000원

가장 제주스러운 순간의 기록

제주에서의 일상을 차곡차곡 기록하고 모아 기억하고 싶은 순간 꺼내볼 수 있도록 담아낸 달구라 작가의 취미 기록장. 이 책은 하루에 하나씩, 소소한 제주 생활을 기록한 글과 기분 좋아지는 그림을 더해 만든 1년 간의 행복 기록 프로젝트의 결과이다.

BM (주)도서출판 성안당 경기도 파주시 문발로 112 파주 출판 문화도시 / T.031-950-6300 / http://www.cyber.co.kr

베테랑 그림꾼들의
스토리와 함께 보는 일러스트 작품 세계

동양 문화 속 괴물들 이야기
괴물도감
- 동양편 -

고고학자 지음
148×210 / 272쪽 / 23,000원

서양 문화 속 괴물들 이야기
괴물도감
- 서양편 -

고고학자 지음
148×210 / 272쪽 / 23,000원

섬세하고 리얼하게 묘사된 전설 속 동양 괴물 132선!

남자를 잘 홀리는 매혹적인 여성 외모로 간을 빼먹는 구미호(九尾狐)는 드라마, 웹툰, 게임 등에서 대표 요괴로 자주 등장하는데, 일본과 중국에도 색깔만 다른 비슷한 설정으로 등장한다. 또 '꼬리 아홉 달린 여우'도 여전히 신비하고 놀라운 존재로 여겨진다. 이와 같은 동양 괴물을 탄생 배경과 일화까지 흥미롭게 소개한다.

서양 영화 등 콘텐츠의 단골 소재로 활용되는 전설 속 서양 괴물 132선!

웬디고(Wendigo)는 미국 동부와 캐나다에서 유래된, 키 5m에 악취 풍기는 식인괴물로 눈보라 치고 추운 날에 나타나 사람을 해친다는데 사실은 위험한 날씨에 돌아다니지 못하게 하려고 만들어낸 허구의 괴물이다. 이처럼 문화의 일부분으로도 여겨지고 영화나 게임, 드라마의 소재로도 활용되는 서양 괴물을 소개한다.

펜과 잉크로 그린 수작업 방식 초호화 단편만화 모음집
40인의 청춘 만화 쇼츠

치즈 외 39인 지음
152×215 / 664쪽 / 32,000원

1979년 아홉 살 눈으로 본 세상 서랍 속 이야기
아홉 살 인생

공영석 지음
152×225 / 184쪽 / 12,000원

뿌리네 가족과 함께하는 육아 모험 이야기
뿌리네 이야기

이리건 지음
152×225 / 432쪽 / 13,000원

청강문화산업대 만화 콘텐츠 스쿨의 2023 만화 드로잉 수업 기말 과제 작품집

이 책은 청강문화산업대 만화 콘텐츠 스쿨의 2023년 '만화 드로잉' 수업 기말 과제를 모은 작품집으로, 40명의 학생들이 펜에 잉크를 찍어 종이에 그리는 수작업 만화를 배우는 과정을 거쳐 정식 책 출간을 목표로 기말 작품을 함께 진행해 40편의 작품들을 그림과 이야기의 스타일이 모두 다르게 수록했다.

1979년 마산 배경, 초등학교 2년생의 리얼 성장 드라마!

어린 시절 병아리를 키운 경험, 친구네서 처음 접한 신세계 '컬러 TV와 비디오', 형과 친구들과의 영화관 추억, 그 시절 영웅 로봇 만화영화 등을 기억 속에서 소환해 그려낸 성장 만화이다. 부록으로 풀빵 가게 할머니, 추억의 도시락, 학교 앞 등하굣길 풍경, 극장 간판을 그리는 기법 등을 소개하며 향수를 자극한다.

친근함·특별함, 유쾌·엉뚱·발랄한 그들만의 고군분투 육아 소동

17년간 플래시 애니메이션을 만들던 경력을 바탕으로 아이의 성장 과정을 그림과 글로 기록하던 작가는 아이의 태명이었던 '뿌리'라는 캐릭터를 중심으로 벌어지는 좌충우돌 가족 이야기를 SNS와 네이버 도전, 만화에 올리다 웹툰으로 정식 연재했다. 이 책은 이 웹툰을 책으로 새롭게 엮어낸 작품이다.

누적 조횟수 1,400만, 다음 천만 웹툰을 만든 엄마의 힘!
열무와 알타리 ❶

유영 지음
145×210 / 416쪽 / 18,000원

비잔틴 시대부터 20세기 초반 유럽 고전 복식을 한눈에
유럽 고전 복식 연표

STUDIO JORNE 지음
윤진아 감수 / 180×200
15장(150쪽 분량) / 28,000원

동화·소설 속 복식을 명화와 일러스트로 만나는
원작·이야기·복식

STUDIO JORNE 지음
윤진아 감수 / 176×250
296쪽 / 30,000원

유영 작가의 공감 위로형 가족 웹툰 탄생!

장애가 있는 아이를 임신하고 출산한 작가의 실제 일상을 다루는 이 작품은 귀여운 그림체로 웹툰 섹션 중 코믹과 일상, 가족으로 분류된다. 주인공은 엄마와 아빠 '소소'와 '토토', 일성성 쌍둥이 두 자녀 '열무'와 '알타리', 이렇게 네 명의 가족이다. 유영 작가의 진솔한 이야기는 그 진정성으로 인해 감동을 자아낸다.

다채로운 일러스트로 생생하게 묘사한 유럽 고전 복식의 세계!

시대별 흐름에 따라 달라진 아름다운 유럽의 복식 변천사를 앞면은 여성 복식, 뒷면은 남성 복식이 총 15장의 연표로 정리되어 한눈에 파악할 수 있다. 비잔틴 제국, 로마네스크 등의 중세 시대부터 아르누보 시대 등 20세기 초반까지의 남녀 의복, 헤어스타일, 패션 아이템 등을 볼 수 있다.

텀블벅 펀딩에 성공한 스튜디오 조네의 동화 속 복식 일러스트

수백 년 동안 사랑받아 온 고전 동화와 소설의 원작 속 주인공들의 복식을 명화와 일러스트로 소개한다. 백설공주, 인어공주, 작은 아씨들, 마담 보바리, 위대한 개츠비 등 총 10편의 원작과 이야기 속 등장인물의 의복은 물론 헤어스타일, 머리 장식, 액세서리, 신발 등의 복식품을 아름다운 명화와 일러스트에 담아냈다.

BM (주)도서출판 성안당 경기도 파주시 문발로 112 파주 출판 문화도시 / T.031-950-6300 / http://www.cyber.co.kr

디지털 도구로 내 마음껏 그리는 아이패드 드로잉 도서

프로크리에이트로 배우는
자토의 아이패드 드로잉 클래스

자토 지음 / 188×257 / 496쪽 / 25,000원

수작업 그리기보다 훨씬 쉽고 재미있는 아이패드 드로잉!

클래스 101의 '자토의 아이패드 드로잉' 클래스의 일러스트레이터이자 만화가, 에세이스트인 자토 작가가 혼자 공부하는 일상 드로잉부터 감성 그림, 여행지 풍경과 다양한 스타일의 붓 질감이 살아있는 그림, 픽셀 아트, 상품화를 위한 굿즈 일러스트까지 아이패드 드로잉의 바이블이라 할 만큼 폭넓은 아이패드 드로잉을 선보인다.

캐릭터를 결정하는 인체 구조 표현과 포즈를 배운다!
아이패드 캐릭터 드로잉

난다비 지음 / 210×230 / 416쪽 / 29,000원

스토리가 담긴 캐릭터부터 스토리가 있는 배경, 애니메이션의 한 장면까지 연필로 그리듯이 쉽게 그린다!

외형적인 특징과 개성을 조합하여 그리는 캐릭터의 이목구비, 헤어스타일, 가장 어렵다고 생각하는 인체 드로잉까지 인체를 단순화하고, 스케치한 후 채색까지 가장 손쉽게 그리는 방법을 소개한다. 클래스101 인기 강사 난다비의 친절한 설명으로 그림의 기초부터 공간을 구성하는 노하우까지 아이패드 그림 스킬을 배울 수 있다.

여행의 시작, 그림의 시작!
아이패드 드로잉

김소희 지음 / 188×257 / 432쪽 / 26,000원

프로크리에이트로 그림은 프로답게! 소콘소콘 작가와 함께 떠나는 아이패드 드로잉 여행!

이 책은 베스트셀러 작가인 소콘소콘 작가의 아이패드로 쉽게 드로잉 할 수 있는 방법을 소개하는 책이다. 자신이 마치 프로 작가처럼 그림을 그릴 수 있도록 구글 맵 스트리트 뷰를 이용하여 그리고 싶은 여행지를 찾아 이미지 소스로 사용하여 단계별로 그림을 그릴 수 있도록 구성되어 있다.

나는 이제 아이패드로 3D 디자인한다!
아이패드 3D 모델링 By 노마드 스컬프

정대광, 유예지 지음 / 188×257 / 448쪽 / 28,000원

아이패드 3D 모델링 · 프로크리에이트 채색 · 3D 프린팅 노하우!

노마드 스컬프는 아이패드와 펜슬만 있으면 언제 어디서든 빠르게 3D 작업이 가능하다. 이 책은 현장의 실무 3D 게임 디자이너가 3D 오브젝트를 쉽게 만드는 방법부터 프로크리에이트로 채색 방법, 애니메이션과 3D 프린팅 방법까지 노하우를 소개하여 3D 모형을 누구나 쉽고 빠르게 만들 수 있다.

그림이 확 바뀌는 아이패드 드로잉
아이패드 브러시 패턴으로 그림 그리기

댈희 지음 / 188×257 / 440쪽 / 25,000원

브러시 드로잉 테크닉 + 예제와 완성 파일로 익히는 실전 노하우

프로크리에이트에서 어떻게 하면 손쉽게 멋진 손그림을 그릴 수 있을까? 그림 스타일을 결정하는 브러시 사용, 붓 터치나 색 표현, 빛으로 표현되는 명암, 반복 작업 등 브러시 활용법은 무궁무진하다. 클래스 101 족집게 강사인 디자이너 댈희가 프로크리에이트의 브러시 123가지를 이용한 아이패드 드로잉 노하우를 공개한다.

BM (주)도서출판 **성안당** 경기도 파주시 문발로 112 파주 출판 문화도시 / T.031-950-6300 / http://www.cyber.co.kr

게임이나 VR까지 창의력을 뽑낼
CG와 모델링·3D 활용서

블렌더 3D
게임 캐릭터부터 메타버스 아이템까지!

박범희 지음 / 188×257 / 484쪽 / 30,000원

넥슨 게임 실무 디자이너가 알려 주는 블렌더로 3D 모델링 작업 노하우!

메타버스 시대, 이제 3D 콘텐츠를 작업하는 실무자들은 블렌더를 선호하며, 언리얼 엔진 등 다양한 엔진과의 협업 기능으로 보다 빠르게 모델링 작업이 가능하다. 이 책에서는 블렌더의 핵심 기능을 이용한 모델링 작업부터 게임 캐릭터, 메타버스 아이템 및 애니메이션 제작까지 쉽고 빠르게 작업하는 노하우를 소개한다.

모션 그래픽 & 애니메이션
캐릭터 & 웹앱 모바일 콘텐츠를 위한

전소희 지음 / 188×257 / 432쪽 / 29,000원

생동감 넘치는 캐릭터와 웹과 모바일 콘텐츠 애니메이션 실무 제작 노하우!

애니메이션 기초, 캐릭터 제작, 프로그램 사용법, 카메라 워크 등 애니메이션 제작 과정을 쉽고 빠르게 학습할 수 있다. 특히, 스토리보드 제작부터 카메라 워크까지 애니메이션의 실무 제작 과정을 소개하고 실무에서 많이 사용하는 어도비 애니메이트부터 포토샵, 애프터 이펙트까지 자유롭게 애니메이팅에 활용할 수 있다.

AI 포토샵 테크닉
포토샵 & 미드저니 협업을 이용한 실무 디자인 테크닉

유은진, 이미정, 앤미디어 지음
180×235 / 384쪽 / 24,300원

AI 포토샵과 미드저니로 최상의 결과물을 얻을 수 있는 포토샵 CC 2024 활용법

포토샵 CC 2024에서는 어도비 센세이 AI로 마치 챗GPT처럼 프롬프트 입력창을 제공한다. 또한 작성된 문장이나 단어 입력만으로도 디자인 작업에 필요한 이미지를 바로 생성 가능하며, 포토샵에서 이미지를 여는 순간부터 빛 방향과 색감, 형태를 인식하여 합성 가능한 이미지를 다양한 형태로 제시한다. 특히 일러스트는 미드저니와 협업으로 뛰어난 결과물을 생성할 수 있는데, 이 책은 바로 그런 포토샵과 AI 협업을 다룬다.

디지털 만화 마스터
포토샵, 페인터, 코믹스튜디오, 사이툴로 배우는

김영근 지음 / 220×250 / 416쪽 / 23,000원

디지털 만화 도구 페인터, 코믹스튜디오, 포토샵, 사이툴로 디지털 만화 그리기!

페인터, 코믹스튜디오, 포토샵, 사이툴 등을 이용하면 수정 및 보관이 편리하여 종이에 작업하던 작가들로 디지털 작업으로 많은 변화를 시도 중이다. 이 책은 이와 같은 애플리케이션들을 이용해 좀 더 편리하고 빠르게 만화 작업을 마무리할 수 있도록 한다. 디지털로 만화 작업을 하려는 입문자와 종이에서 디지털로 작업 방식을 변경하려는 창작자들은 이제 이 한 권으로 디지털 만화 작업을 경험해 볼 수 있다.

게임 배경 그래픽 디자인
A&P 배경 원화부터 3D까지의 제작 과정을 담은

안승철, 박재형 지음
218×250 / 572쪽 / 38,000원

실화같은 멋진 3D 게임 배경 콘셉트 및 제작을 본격적으로 배울 기회!

이 책은 비주얼과 디테일이 점점 영화 수준까지 높아지고 있는 게임 배경 그래픽을 본격적으로 공부하려는 독자들을 위한, 엔씨소프트에서 리니지2로 7년 동안 손발을 맞추어 온 배경 원화가와 3D 제작자가 공동 집필한 흔치 않은, 알토란 같은 실무 서적이다. 게임 배경 콘셉트 및 3D 관련 직업을 준비하고 있는 분들과 실무에서 개발자로 일하고 있지만 좀 더 능력 신장이 필요한 실무자에게 적합하다.

차세대 3D 배경 그래픽
언리얼 엔진4와 섭스턴스 디자이너를 이용한

장형호 지음
220×250 / 712쪽 / 42,000원

3ds Max, ZBrush, 언리얼 엔진 4 등을 활용한 고급 3D 배경 그래픽 제작 방법 제시

차세대 배경 그래픽을 제작하는 전반적인 내용을 담고 있다. 3ds Max, 포토샵, ZBrush 팁, 3ds Max와 ZBrush를 통한 하이폴리곤 기반의 모델링 방식과 텍스처 제작 등을 다루며, 언리얼 엔진 4를 통해 머티리얼을 제작하고 레벨을 꾸미는 과정을 통해서 배경을 제작하는 전반적인 방법을 제시한다. 부록으로 섭스턴스 디자이너를 활용하여 엔진 등에 연계하여 활용하는 방법이 포함되어 있다.

게임 배경 원화 테크니컬 북
온라인 게임 아트 디렉터를 위한

김수영 지음
218×250 / 400쪽 / 29,000원

한·중·일을 오가며 현장 업무를 주도한 게임 배경 전문가의 실무 위주 전문서!

온라인 게임뿐만 아니라 게임 전반적인 배경 콘셉트 디자인의 제작 흐름을 누구나 알기 쉽도록 현장감 있는 튜토리얼로 제작 전반의 포괄적인 내용을 다루었다. 파트별로 포토샵의 기본적인 필요 옵션과 관련 툴, 게임 배경 원화에 필요한 가장 기본적인 부분 제작 방법. 게임 배경의 필수적인 구성 요소인 필드, 마을, 성, 던전 등을 제작하는 방법을 정리했다.

BM (주)도서출판 **성안당** 경기도 파주시 문발로 112 파주 출판 문화도시 / T.031-950-6300 / http://www.cyber.co.kr

현실 대세! 디지털 손발이 될
AI 창작 도우미, 생성형 AI 도서

생성형 AI 첫걸음도 자연어 처리부터!
생성형 AI와 자연어 처리 그림책

한선관, 임새이 지음
188×257 / 256쪽 / 23,000원

인간의 자연어를 기계가 이해하고 처리하는 기술, 자연어 처리(NLP)와 생성형 AI 살펴보기

생성형 인공지능(Generative AI)은 대화, 이야기, 이미지, 동영상, 음악 등 새로운 콘텐츠와 아이디어를 만들 수 있는 AI의 일종이다. 자연어 처리(NLP)를 통해 기계는 문장이나 구문을 이해하고 해석하여 질문에 답하고, 조언을 제공하고, 번역을 제공하고, 인간과 상호 작용하는 방법을 배울 수 있다. 이 책은 이 생성형 AI의 기반이 되는 자연어 처리의 개념과 원리를 그림으로 쉽게 이해할 수 있도록 설명한다.

파이썬과 거대 언어 모델(LLM)로 챗봇 개발까지
Hey 파이썬! 생성형 AI 활용 앱 만들어 줘

김한호, 최태온, 윤택한 지음
188×245 / 488쪽 / 39,000원

파이썬과 미드저니, 스테이블 디퓨전으로 챗봇·AI 비서 등 다양한 앱 개발하기

웹앱을 빠르게 구축할 수 있는 파이썬 패키지 그라디오(Gradio)와 거대 언어모델(LLM) 앱 개발 프레임워크인 랭체인(LangChain)으로 강력한 언어 처리 애플리케이션을 개발하는 과정을 단계별로 안내한다. 챗GPT의 업그레이드나 프롬프트 하나로 이미지를 만드는 스테이블 디퓨전 같은 이미지 생성형 AI도 활용해 보면서 소설봇, 번역봇 등 책을 만들어 본다는 흥미로운 주제와 함께 'AI 비서'도 개발해 본다.

선생님과 학부모를 위한 AI 교육 가이드북
AI가 바꾸는 챗GPT 교육 활용

오창근, 장윤제 지음
180×235 / 368쪽 / 23,000원

챗GPT로 글짓기부터 코딩 학습까지 다양한 교육 현장 솔루션 가이드

체험학습 글짓기부터 평가 자료의 정리, 인공지능과 사회윤리 문제의 이해, 코딩 학습까지 교육 현장에서 마주치는 다양한 실무 사례에 대한 챗GPT 솔루션을 제시하는 이 책은 자기 주도 학습을 시작하는 학생, 교육과 업무에 시달리는 교사, 인공지능과 코딩 교육을 원하는 학부모, 콘텐츠 기획과 홍보를 담당하는 직장인까지 챗GPT를 제대로 이해하고 활용할 수 있을 것이다.

AI 오피스와 함께 앞서가는 직장인을 위한 업무 활용법!
빙&챗GPT를 믹스Mix하라

앤미디어, 문택주, 이문형 지음
180×225 / 304쪽 / 22,000원

웹용 AI 코파일럿 빙&챗GPT, 캔바, 감마 앱을 이용한 오피스 작업 노하우!

마이크로소프트 빙은 검색 기능 외에도 연관 정보 제시, 이미지 검색과 제작, 문장 식별을 통해 사용자에게 다양한 정보 선택지를 제공한다. 또한, 챗GPT는 문장 생성과 정리, 축약 기능이 뛰어나다. 이 책은 빙과 챗GPT, 마이크로소프트 이미지 크리에이터, 마이크로소프트 디자이너, AI 툴인 캔바부터 감마 앱까지 폭넓게 활용하여 문서, 보고서, 프레젠테이션, 엑셀 등의 작업 결과물을 최상으로 만들 수 있도록 돕는다.

놀랄 만큼 쉬운 챗GPT 활용법
챗GPT와 썸타기

한선관, 류미영, 김태령, 홍수빈, 임새이, 김도용 지음
188×245 / 248쪽 / 19,000원

성큼 다가온 AI 비서 시대, 만능 해결사 챗GPT 4와 함께 일하기

이 책에는 챗GPT 메뉴 기능부터 확장 프로그램 추가, 엑셀 코파일럿 예제 외에도 RSS를 구글 스프레드시트로 불러와서 편집, 파이썬 코드 생성 등 참신한 예제와 디테일한 프롬프트가 가득하다. 또한 그림 그리기, 배경 음악(BGM) 작곡, 번역, 시험 문제 출제 후 정답과 해설 달기, 영어 회화 공부, 요리 레시피나 연설문 작성, 소속 기관 로고 창작 등 만능 챗GPT의 세계로 안내한다.

일상에서 업무까지 누구나 정보와 디자인 작업물을 얻다!
챗GPT&AI 활용법

앤미디어 지음
180×235 / 280쪽 / 20,000원

챗GPT와 AI로 이모티콘부터 브랜드 디자인, 숏폼부터 유튜브 콘텐츠 편집 자동화 제작까지!

챗GPT 초보 사용자를 위해 정확한 답변을 위한 질문법과 기본적인 챗GPT 사용 방법부터 기능을 업그레이드하여 원하는 정보에 정교하게 접근하기 위한 방법, 챗GPT와 AI 기능을 이용한 다양한 그림과 이미지, 영상 제작 노하우를 제공한다. 나만의 서포터, 챗GPT와 AI를 활용하여 최상의 결과물을 만들어 볼 수 있을 것이다.

행시 수석 인공지능 전문 경제학자 이정혁의
완벽한 챗GPT 강의

이정혁 지음
148×210 / 232쪽 / 18,000원

경제학자가 미국에서 바로 쓴 챗GPT 강의

과거 정부 대표로 예산안과 세법 개정안을 강의하는 유튜브 동영상에 출연했을 만큼 어려운 개념을 쉽고 재미있게 설명하는 데 정평이 나있는 저자가 미국 박사 과정으로 머신러닝을 활용한 경제 분석을 공부하던 중 챗GPT를 처음 접한 순간 엄청난 충격을 받고 바로 집필한 이 책은 챗GPT의 효과적인 사용법뿐 아니라 그 경제적·사회적·철학적 함의(含意)까지 친근하고 심도 있게 조명한다.

스테이블 디퓨전 · 미드저니 · 챗GPT
생성형 AI로 웹툰 만화 제작하기

2024. 4. 3. 1판 1쇄 발행
2024. 6. 26. 1판 2쇄 발행

지은이	김한재
펴낸이	이종춘
펴낸곳	BM (주)도서출판 성안당
주소	04032 서울시 마포구 양화로 127 첨단빌딩 3층(출판기획 R&D 센터)
	10881 경기도 파주시 문발로 112 파주 출판 문화도시(제작 및 물류)
전화	02) 3142-0036
	031) 950-6300
팩스	031) 955-0510
등록	1973. 2. 1. 제406-2005-000046호
출판사 홈페이지	www.cyber.co.kr
ISBN	978-89-315-7126-4 (97000)
정가	25,000원

이 책을 만든 사람들
책임 | 최옥현
기획 · 편집 | 조혜란
교정 · 교열 | 안종군
본문 · 표지 디자인 | 앤미디어
홍보 | 김계향, 임진성, 김주승
국제부 | 이선민, 조혜란
마케팅 | 구본철, 차정욱, 오영일, 나진호, 강호묵
마케팅 지원 | 장상범
제작 | 김유석

이 책의 어느 부분도 저작권자나 BM (주)도서출판 성안당 발행인의 승인 문서 없이 일부 또는 전부를 사진 복사나 디스크 복사 및 기타 정보 재생 시스템을 비롯하여 현재 알려지거나 향후 발명될 어떤 전기적, 기계적 또는 다른 수단을 통해 복사하거나 재생하거나 이용할 수 없음.

■ 도서 A/S 안내

성안당에서 발행하는 모든 도서는 저자와 출판사, 그리고 독자가 함께 만들어 나갑니다.
좋은 책을 펴내기 위해 많은 노력을 기울이고 있습니다. 혹시라도 내용상의 오류나 오탈자 등이 발견되면 "좋은 책은 나라의 보배"로서 우리 모두가 함께 만들어 간다는 마음으로 연락주시기 바랍니다. 수정 보완하여 더 나은 책이 되도록 최선을 다하겠습니다.
성안당은 늘 독자 여러분들의 소중한 의견을 기다리고 있습니다. 좋은 의견을 보내주시는 분께는 성안당 쇼핑몰의 포인트(3,000포인트)를 적립해 드립니다.
잘못 만들어진 책이나 부록 등이 파손된 경우에는 교환해 드립니다.